Endlich richtig Autofahren

ist eine durch viele Fakten angereicherte Plauderei, die von der Überzeugung ausgeht, daß:

. . . Autofahren nicht die Fortsetzung des Krieges mit anderen Mitteln sein sollte,

. . . sportliche Ambitionen oder die Allüren des sogenannten »Herren-fahrers« nicht unbedingt der schnellste Weg zum (Reise-)Ziel sind,

. . . die amerikanisch-unkonzentrierte Art des Autofahrens kein Vorbild für Europa sein sollte, weshalb

. . . das wirklich richtige Autofahren eine im sportlichen Sinn gekonnte, im amerikanischen Sinn gelassene und im psychologischen Sinn lustbe-tonte Tätigkeit sein muß, denn ohne ein bißchen Freude an der Sache erhebt man sich auch als Routinier nur unwesentlich übers Fahrschul-niveau.

Und so sieht es in der Praxis aus:

Leben Sie lieber auf Distanz –
 Ratschläge über das richtige Sitzen im Auto.

Fünf Minuten vor zwölf –
 oder wie man am besten mit dem Lenkrad umgeht.

Platz ist in der kleinsten Kurve –
 ein Kapitel Kurventechnik.

Sägen soll lieber der Holzfäller –
 über das Fahren in Grenzbereichen.

Durch Winter, Nacht und Nebel –
 wie man naturbedingten Umweltproblemen begegnet.

Die Ideallinie –
 man sollte sie nicht bloß auf der Fahrbahn suchen, sondern in sich selbst.

März 1978
Originalausgabe
Droemersche Verlagsanstalt Th. Knaur Nachf.
München/Zürich
© Droemer Knaur Verlag Schoeller & Co, Locarno, 1978
Umschlaggestaltung Creativ Shop München
Angelika + Adolf Bachmann
Satz Appl, Wemding
Druck und Bindung Augsburger Druckhaus, Augsburg
Printed in Germany
ISBN 3-426-00518-2

schlechte Autofahrer? Es fällt einem Fridolin Tschudi ein, der Schweizer Reimeschmied: sag deinem Freunde ruhig, er sei kein Adonis; füg' hinzu, es wisse ohnedies jedermann, daß ihn seine Frau betrügt. Du kannst auch sagen, er sei in hohem Maße unkultiviert und sein Intelligenzgrad beweise, daß er nicht (wie er es immer erzähle) von seinen Eltern am Studium gehindert worden sei – das alles wird er dir verzeihen. Doch sage ihm nie, er könne nicht Autofahren …

Trotzdem wissen wir alle ganz genau, daß es an uns selber liegt. Daß die abgedroschene Floskel vom »menschlichen Versagen« leider insofern stimmt, als nur die wenigsten Unfälle auf technische Mängel zurückzuführen sind – auf streikende Bremsen etwa, geplatzte Reifen oder, wenn man will, auf Kurven, die harmlos anfangen und dann immer enger und heimtückischer werden. Es hieße den Kopf in den Sand stecken, wollten wir die Hauptschuld an der Misere im unzulänglichen Straßenbau suchen oder gar bei den Autos, die seit den Tagen der Herrenfahrer unvergleichlich funktionstüchtiger und sicherer, dabei aber nicht wesentlich schneller geworden sind – der Franzose Victor Hémery fuhr schon Anno 1909 in Brooklands auf seinem 200 PS starken Blitzen-Benz in aller Seelenruhe mehr als 200 Stundenkilometer, obwohl er dabei gewissermaßen die Arche Noah steuern mußte.

Allein zwischen den Azetylen-Laternen von damals und den Halogenscheinwerfern von heute liegen Welten. Welten auch zwischen den Reifen von einst und jetzt. Es offerieren uns die Autos heute Servobremsen, Servolenkungen und automatische Getriebe, keine Hausfrau, kein technisch Unbegabter hat Schwierigkeiten mit ihrer Bedienung, es wird mit elektronischen Bremsen, die nie mehr blockieren können, und mit Abstandswarnern, die sich des Radarschalls bedienen, zumindest versuchsweise operiert, und es dürften in nicht allzuferner Zukunft die Insassen der Autos Auffahrunfälle sogar mit 80 km/h unbeschadet überstehen.

Was aber ist im selben Zeitraum vergleichsweise am autofahrenden Menschen verbessert worden? Gar nichts. In den Fahrschulen wird ihm nach wie vor nur Basiswissen eingetrichtert, er schleicht im Prüfungswagen als Verkehrshindernis dahin, lernt Fragen und Antworten auswendig, um sie sofort wieder zu vergessen – und wird dann auf die Menschheit losgelassen in der Hoffnung, daß er sich mit der Zeit schon von selbst zum brauchbaren Verkehrsteilnehmer zurechtschleifen wird. Es steht aber nirgendwo geschrieben, daß der tägliche Autoweg zur

Herrenfahrer müßte man sein

Vom Autofahren im Wandel der Zeiten

In den Kindertagen des Automobils saßen die Herrenfahrer am Volant. Sie trugen Sportmützen mit dem Schirm nach hinten, tankten Benzin in der Apotheke, plagten sich morgens mit der Andrehkurbel und abends mit dem Auswechseln ihrer zerschlissenen Pneus – aber zwischendurch hatten sie keinerlei Parkplatzsorgen. Sie fuhren Auto hauptsächlich des Abenteuers und der Herausforderung wegen (denn mit der Eisenbahn ging's damals wirklich noch bequemer und schneller), sie arrangierten ausgelassene Wettfahrten und traumhafte Picknicks, landeten relativ häufig im Straßengraben und brachen sich leider in vielen Fällen das Genick. Das alles war Sport.

Heute freilich, Gott sei's geklagt, kommen tausendmal mehr Leute als damals zu Schaden – was zwar auf Grund der millionenfach angeschwollenen Zahl der Autos unvermeidlich ist, begreiflicherweise aber von niemandem mehr als Sport aufgefaßt werden kann. Im Gegenteil: es wird von organisiertem Massenmord gesprochen, vom Kriegszustand auf den Straßen, von der gefährlichsten Seuche, die jemals unseren Erdball bedroht hat.

Und obwohl da genaugenommen ein bißchen Hysterie mitschwingt, obwohl zum Beispiel die Unfälle im Haushalt immer noch mehr Verletzte fordern als jene im Straßenverkehr: niemand wird leugnen, daß wir im Auto gefährlicher leben als daheim im Lehnstuhl, daß wir mit dem eigenen Wagen zumeist auch andere gefährden und daß gegen diese betrüblichen Seiten des Autofahrens immer aufs Neue etwas getan werden muß.

Deshalb wurde dieses Buch geschrieben. Es stützt sich einerseits auf gediegene automobiljournalistische Erfahrung, andererseits auf jüngste wissenschaftliche Erkenntnisse. Es will aus guten und besseren Autofahrern noch bessere machen.

Wie ein solcher Elite-Autofahrer freilich aussehen sollte, darüber wollen wir erst etwas später reden. Denn fürs erste ist es schon schwer genug, auch nur einen schlechten Autofahrer zu finden. Gibt es überhaupt

Inhalt

Alfred Prokesch:
Endlich richtig Autofahren

Mit 12 Zeichnungen von Rudolf Angerer

Droemer Knaur

Arbeit samt einer jährlichen größeren Urlaubsreise aus einem schlechten Autofahrer einen guten machen muß.

Zu allem Überfluß hat sich die innere Einstellung der Automobilisten im Lauf der Jahrzehnte grundlegend gewandelt. Niemand ist heute noch mit jener Begeisterung für die Technik, mit jener Freude über den klaglosen Ablauf einer mechanischen Funktion unterwegs wie seinerzeit die Herrenfahrer. Niemand würde heute ob dem Gelingen eines simplen Sonntagsausflugs auch nur annähernd soviel Befriedigung empfinden wie die Brillen- und Staubmantelträger von Anno dazumal. Und je zahlreicher sich die Zeitgenossen ans Lenkrad setzen, desto gleichgültiger wird ihre Einstellung zum Autofahren. Mit anderen Worten: es sind immer mehr Menschen mit immer weniger Herz bei der Sache.

Wo aber die Ambitionen schwinden, kann auch die Leistung nicht wachsen: eine der tiefsten Wurzeln menschlichen Versagens tritt hier zutage.

Nun komme niemand mit erhobenem Zeigefinger und sage: aber die Amerikaner – die verschwenden doch auch keinen Gedanken an ihre Autos und sind dennoch gute Fahrer! Sind sie es wirklich? Erstens ist schon die vielgerühmte nüchterne Einstellung des US-Normalbürgers zu seinem Auto vielfach ein Märchen. Nicht wenige amerikanische Lenkraddreher kompensieren ihre kastrierten Geschwindigkeitsambitionen einfach durch Kitsch- und Tandinvestitionen ins Straßenkreuzerprestige oder in jene Autos, die man »Funny Cars« nennt. Emotionslos sind sie durchaus nicht alle.

Zum zweiten stimmt es nicht, daß die amerikanische Art des Autofahrens die Unfallrate entscheidend senkt. Richtig ist lediglich, daß die relativen Unfallzahlen – nämlich jene, die sich auf die Autodichte beziehen – in Amerika niedriger sind als in Europa. Man vergißt jedoch dabei völlig, daß Millionen amerikanischer Familien zwei oder sogar drei Autos besitzen, von denen nur in den seltensten Fällen alle zugleich unterwegs sind. Die wahre US-Unfallrate müßte sich also auf wesentlich weniger Autos beziehen und daher auch ein wesentlich schlechteres Resultat ergeben.

Dazu kommt aber noch, daß sich Bevölkerung, Infrastruktur und Straßenverhältnisse hüben und drüben überhaupt nicht vergleichen lassen. Vergleichbar wären diesseits und jenseits des großen Wassers allenfalls die Verkehrsverhältnisse in den Städten. Es gibt jedoch in den endlosen Weiten der USA hunderttausende Meilen einsamer und prachtvoll ausgebauter Fernverkehrsstraßen, auf denen die Autofrequenz – subjektiv gesehen – gleich Null ist. Man trifft dort wenig Entgegenkommende und spürt hinter sich keine Überholer, es ist dort kein Bravourstück, gelassen dahinzurollen und keinen Blechsalat zu erzeugen.

Man vergleiche damit die überlasteten Autobahnen Mitteleuropas! Es stellt sich sofort heraus, daß der Durchschnittsamerikaner, wenn man seine Jahreskilometerleistung – also auch den Urlaub – betrachtet, unvergleichlich günstigere Verkehrsverhältnisse vorfindet als der vielgeplagte Europäer. Kein Zweifel: würde man den amerikanischen Autofahrer mit europäischen Verhältnissen konfrontieren, seine vielgepriesene Unfallrate wäre bald entzaubert.

Heißt das nun, daß wir mit unseren altmodischen Emotionen tatsächlich besser fahren? Daß wir uns am Ende die längstversunkenen Zeiten einstigen Herrenfahrertums wieder herbeiwünschen und Autofahren wieder als Abenteuer und Herausforderung betrachten sollten? Mitnichten. Abenteuer und Risiko auf den Straßen müssen ein für allemal vorbei sein. Man kann sie auch nicht durch chevalereskes Gehaben, »schickes« Fahren, den Slogan »Seid nett zueinander«, freundliche Handzeichen und dergleichen mehr entschärfen, denn für solchen pseudoromantischen Verbrüderungsfimmel ist der Straßenverkehr dann doch viel zu nüchtern.

Eine Zeitlang schien es, als könnte der sportliche Ehrgeiz das Klima auf unseren Straßen verbessern. Das war die Zeit, da die sogenannten Fahrerlehrgänge groß in Mode kamen, sei es nun auf dem Nürburgring oder in Montlhèry oder auf irgendeinem aufgelassenen Flugplatz.

Erfinder dieser sportlichen Fortbildungskurse für Autofahrer sind die Schweizer. Sie kamen schon vor mehr als zwanzig Jahren zu dem Schluß, daß gekonntes Fahren, wie es auf solchen Fortbildungskursen gelehrt wird, zumindest in der Theorie zur Erhöhung der Verkehrssicherheit beiträgt.

Denn daß bei diesen Kursen fast durchwegs Renn- und Rallyefahrer als Instruktoren fungieren, hat ja keineswegs den Zweck, die Straße zur Rennbahn zu machen. Sondern: was Rennfahrer bei Geschwindigkeiten über 200 km/h ausprobiert und für richtig befunden haben, kann man getrost auch für den Alltag übernehmen. Darüber hinaus – und hier werden Gegner des Automobilsports wohl etliche Vorurteile über Bord werfen müssen – heißt im guten Sinne sportlich fahren ja keineswegs schnell fahren um jeden Preis, sondern mit kritischer und kühler Selbstkontrolle (und natürlich auch mit der nötigen Technik) fahren – nicht mehr.

Im übrigen: schnell, was ist schnell? Es gibt Abschnitte auf Straße und Autobahn, wo 100 km/h gewiß nicht zu schnell sind. Und dann wieder gibt es Stellen, da sind selbst 50 km/h schon zuviel, der Wagen rutscht von der Straße. Schnelligkeit ist eben relativ, und selbst wer hier einwendet, er fahre aus Prinzip niemals so schnell, daß sein Wagen jemals ins Schleudern geraten könnte, wird eines Tages einen wichtigen Zug erreichen, ein Kind ins Krankenhaus bringen oder einen hochnotpeinlichen Termin einhalten müssen, er wird ein einziges Mal schneller fahren als sonst und sich vermutlich gerade deshalb in einer Situation ertappen, die er noch nie zuvor erlebt hat und die er daher auch nicht zu bewältigen weiß.

Solche und ähnliche Überlegungen haben zum Beispiel dazu geführt, daß die österreichische Bundesgendarmerie wiederholt ihre Autobahnpatrouillen in solche Fahrerlehrgänge geschickt hat und von Stund an einen deutlichen Rückgang der fuhrparkeigenen Schadensquote zu verzeichnen hatte.

Auch der Autor dieser Zeilen hat eine Reihe solcher Lehrgänge mitgemacht, dabei dem früheren österreichischen Staatsmeister Ernst Vogel (den man als Vorgänger von Jochen Rindt und Niki Lauda betrachten könnte) etliches von seiner Fahrkunst abgeschaut und zuletzt das geistige Konzept jener sportlich-gekonnten Fortbewegung (das Vogel wie kein zweiter entwickeln kann) in Fortsetzungen niedergeschrieben.

Nur: man kann Sportlichkeit auch übertreiben. Es sind solche Fahrerlehrgänge nicht selten von Abschlußrennen gekrönt worden, es haben Autos sich überschlagen, Motoren sind zerplatzt, es ist nicht immer nur um die Selbstkontrolle, es ist auch um die Selbstbestätigung, den Nervenkitzel, die Lust am Sieg gegangen. Wer labilen Charakters ist – könnte man zumindest befürchten –, wird nach einem solchen sportlichen Perfektionskurs das Gelernte unter Umständen dazu verwenden, sich im normalen Verkehr auf Wettkämpfe mit anderen Verkehrsteilnehmern einzulassen. Das macht die Sache problematisch.

Sportliches Training schafft außerdem, je nach Talent und Passion, verschiedene Leistungsstufen, und mitunter ist der Bessere geneigt, sein eigenes Können oder Wollen zum Maß aller Dinge zu machen. Er wird das Optimale anstreben und fordern, daß auch der andere das Optimale immer vor Augen hat – was aber bei der heutigen Dichte des Straßenverkehrs und der breiten Streuung der Führerscheinbesitzer illusorisch ist.

Heute kann unser Hauptanliegen nicht mehr darin bestehen, daß eine Minderheit fahrtechnisch optimal unterwegs ist, sondern darin, daß sich möglichst viele als brauchbare Verkehrsteilnehmer erweisen.

Im übrigen wird der Anteil der Fahrtechnik um so geringer, je besser die Fahrzeuge werden, und das werden sie von Modelljahrgang zu Modelljahrgang. Man merkt das bereits deutlich, wenn man sich in ein zehn Jahre altes Auto setzt – ein zwanzig Jahre altes würde in der Lenkung, in den Bremsen, im Geradeauslauf beinahe schon vorsintflutlich wirken.

In all diesen Jahren war der zur Fortbewegung nötige Anteil der Fahrtechnik kontinuierlich im Abnehmen begriffen, und er wird zweifellos auch weiterhin schrumpfen. So bedauerlich das manchem erscheinen mag, der für Fahren und Fahrtechnik etwas übrig hat: diese Entwicklung ist richtig in einer Zeit, in der jedermann Auto fährt, ob er Talent dafür hat oder nicht. Die Fahrzeugtechnik wird die Fahrtechnik mehr und mehr ablösen.

Deshalb mutet es heute fast schon verschroben an, wenn ein bekanntes internationales Rallye-As der sechziger Jahre, der Schwede Erik Carlsson, in seinem Buch vom gekonnten Autofahren seinen Lesern den Rat gibt, ihre Reaktionszeit durch spezielle Versuche regelmäßig zu testen und nötigenfalls durch tägliches Schnurspringen wieder zu verkürzen. Es wird in Zukunft immer weniger Leute geben, die bereit sind, für das Autofahren solche Opfer zu bringen.

Völlig daneben geht es, wenn in einem jüngst erschienenen ähnlichen Buch dem Normalautofahrer allen Ernstes empfohlen wird, bei hoher Geschwindigkeit vor einem plötzlich auftauchenden Hindernis mit Hilfe der Handbremse eine 180-Grad-Drehung einzuleiten. Solche Tricks sind professionellen Rallyefahrern geläufig, aber nicht einmal ihnen gelingen sie immer.

Wer deshalb bei einem Perfektionskurs auf abgesperrtem Gelände gelernt hat, seinen ausbrechenden Wagen durch dosiertes Gegenlenken zu fangen oder, eine Stufe höher, zu kontrolliertem Driften zu bringen (was das ist, werden wir später noch erfahren) – der kann zufrieden sein; er hat seine Sinne für das Erfassen von Grenzwerten geschärft und wird vermutlich auch in echten Notsituationen richtig reagieren. Vermessen aber wäre es, würde er sich einreden, sein Fahrzeug jetzt in allen Lagen souverän zu beherrschen und womöglich auch seinen Fahrstil danach einzurichten. Dazu gehört neben einer gehörigen Portion Talent für das gefühlsmäßige Erfassen dynamischer Gesetze auch noch laufendes Training – und welcher Normalautofahrer hat heutzutage für diese Dinge Zeit und Gelegenheit?

In Summa: sportliches Fahren bringt viel Positives mit sich – zum alleinigen Maßstab der Fortbewegung im Straßenverkehr darf man es heute aber nicht mehr erheben.

Wie also richtig Auto fahren?

Man müßte es als Synthese auffassen: als eine im sportlichen Sinn gekonnte, im amerikanischen Sinn gelassene und im Geist der alten Herrenfahrer lustbetonte Tätigkeit. Denn Können ist notwendig, Gelassenheit und Disziplin sind es ebenfalls, und ohne ein bißchen Freude an der Sache erhebt man sich ja auch in anderen Lebensbereichen nicht über den Durchschnitt.

Umgekehrt ausgedrückt: man kann sich eine flotte Mütze aufsetzen, den optimalen Gang wählen – und sich trotzdem ohne Groll ans empfohlene oder verordnete Tempolimit halten.

Wer allerdings dieses Vergnügen am guten, gekonnten und sicheren Autofahren beim besten Willen nicht aufzubringen vermag, dem stehen zwei weitere Motivationen frei: die Moral und der Selbsterhaltungstrieb.

Ohnedies ist bei allen unseren Betrachtungen bisher eines außer acht gelassen worden: die charakterliche Verpflichtung des guten Autofahrers. Man kann das Autofahren nicht richtig analysieren, ohne darauf einzugehen, daß es immer auch eine Sache der Persönlichkeit und der inneren Reife sein wird. Man fährt gewissermaßen, wie man ist, ja vielleicht sogar, wie ein kluger Beobachter in einem Motorjournal schon vor Jahren einmal festgestellt hat, »wie man ißt« – denn gerade beim Essen und Autofahren treten mitunter Eigenschaften zutage, die man sonst gern verschleiert. Und da wir von Natur aus nun einmal keine Engel sind, muß Autofahren, will man es richtig betreiben, eine Angelegenheit der immer wieder versuchten charakterlichen Bewährung sein. Im Klartext: wer sich dreimal ärgert, aber seinem Gegenüber nur einmal den Vogel zeigt, ist schon auf dem Weg der Läuterung. Er hat sich zwar einmal danebenbenommen, aber zweimal beherrscht gezeigt, mithin: als Herr über sich selbst erwiesen.

Man kann den Herrenfahrer auch so definieren. Vermutlich ist das sogar die beste Definition.

Nicht zu Unrecht wird uns Autofahrern ja immer wieder vorgeworfen, wir schlüpften beim Einsteigen in unser Vehikel nicht nur hinters Lenkrad, sondern zugleich auch in den Lendenschurz des Neandertalers. Und in der Tat ist die Primitivität, die uns alle irgendwann einmal am Lenkrad überfällt, bestürzend. Unter Nachsicht aller Taxen könnte man sie allerdings auch so deuten: Die Freiheit, die uns das Auto schenkt, ist derart elementar und ungewöhnlich, daß wir uns in ihren Bezirken gehenlassen wie selten sonst im Leben. Es zischt gewissermaßen durchs animalische Überdruckventil unseres viel zu hoch komprimierten Zivilisationszeitalters.

Um so ernsthafter müßten wir freilich darangehen, solche urzeitlichen Rülpser zu unterdrücken. Es gibt dafür auch ein Geheimrezept: nicht Angst vor der Strafe, sondern Freude am Gelingen des Nützlichen sollte mehr als bisher unser Verkehrsgeschehen diktieren. Die Mittel dazu hat uns die Psychologie oder, wenn man's genauer formulieren will, die Werbepsychologie längst in die Hand gegeben. Innerliche Befriedigung über ein gemeistertes Problem oder ein wohlgelungenes Manöver, ein gewisser Stolz auf die eigene Tüchtigkeit, vielleicht auch der innere Gewinn, den jede Selbstüberwindung bringt – das alles sind Punkte, wo man den Hebel mit dem Ziel ansetzen könnte, die leidigen Ausflüge ins Zeitalter des Faustkeils abzuschaffen. Es geht nur darum, die reichlich vorhandenen, zumeist überkompensierten Schuld- und Minderwertigkeitskomplexe durch positive, nutzbringende Emotionen zu ersetzen.

Noch besser wäre es freilich, wir könnten unser Verhalten im Verkehr weniger durch Stimmungen, Überlegungen und Berechnungen als durch sogenannte »Automatismen«, die im Unterbewußtsein für uns arbeiten, richtig steuern. Mit anderen Worten: es wäre gut, wenn uns statt der Vernunft und des Gewissens der wesentlich tiefer verwurzelte Trieb zur Selbsterhaltung verkehrsrichtig programmieren und dank seiner Urkraft helfen könnte, Vorsätze zu Grundsätzen werden zu lassen.

Es liegt an uns, ihn dafür zu mobilisieren. Wenn jemand niemals in seinem Leben in einer unübersichtlichen Kurve überholt, so kann er dort auch niemals aus eigener Schuld in eine kritische Situation geraten. Wer diese Binsenweisheit nicht nur begriffen – denn das ist leicht –, sondern gewissermaßen auch körperlich verdaut hat, wird nicht aus logischen oder moralischen Erwägungen heraus, sondern aus purem Selbsterhaltungstrieb automatisch das Richtige tun.

Denn wir sind zwar nur Menschen, die leider in vielen Fällen Fehlleistungen produzieren. Aber wir können lernen, können an uns arbeiten, können unendlich viel versuchen, um uns – mit und ohne Auto –, im Leben zu bewähren. Glück gehört auch dazu, das stimmt. Aber vielleicht auch die Erkenntnis, daß Glück auf die Dauer eben nur der Tüchtige hat.

Es lebt sich besser auf Distanz

Vom Anschnallen und richtigen Sitzen

Nach den Gesetzen der Logik kommt vor dem richtigen Fahren das richtige Sitzen. Um so erstaunlicher, daß die meisten Autofahrer diesen Grundsatz noch immer mißachten. Sie handeln doppelt unvernünftig: aus medizinischen wie aus fahrtechnischen Gründen.

Denn: der Mensch, mit einem sogenannten Hohlkreuz ausgestattet (unsere Wirbelsäule hat bekanntlich die Form eines S), ist von Natur aus zum Sitzen gar nicht konstruiert. Da aber Sitzen dessenungeachtet die bevorzugte Lebenshaltung des 20. Jahrhunderts ist (in jedem neuge-kauften Wagen sitzt der Erstbesitzer statistisch gesehen an die 1000 Stunden am Volant), sollte man sich wenigstens bemühen, die menschliche Sitzbesessenheit in halbwegs vernünftige Bahnen zu lenken.

Leider können wir ja im Auto unsere Sitzlehne nicht beliebig nach hinten neigen. Wir müssen sie aus Sichtgründen relativ steil einstellen. Was wiederum zur Folge hat, daß die Sitzfläche nur mäßig nach hinten abfallen darf – sonst würden Kniescheiben und Ohren Zwiesprache halten und den eingeklemmten Magen binnen kurzem zum Rebellieren bringen. Im allgemeinen stellt sich daher der Autofahrer sein Glück im Winkel nach dem eigenen Wohlbefinden ein. Anatomen und Arbeits-mediziner haben es jedoch wissenschaftlich erforscht: der Winkel zwischen Rückgrat und Oberschenkel (also zwischen Lehne und Sitz) sollte ungefähr hundert Grad betragen, jener zwischen Ober- und Unter-schenkel zwischen 110 und 140 Grad. Theoretisch zumindest läßt man sich auf diese Weise unter dem Motto nieder: Sitz und stimme!

Da das Sitzen am Lenkrad im Gegensatz zum gewöhnlichen Sitzen aber eine sogenannte Zwangshaltung ist, bei der Nacken und Schultergürtel durch statische Muskelarbeit fixiert werden müssen (was eine gewisse Kreislaufbelastung nach sich zieht), ist es durchaus nicht verkehrt, bei längerem Autofahren dann und wann einmal die Lehnenneigung etwas zu verstellen und sich ein neues Glück im Winkel zu suchen – statt der alten Zwangshaltung also eine neue einzunehmen.

Und da wir schon von derlei medizinisch angehauchten Dingen reden: Stoffbezüge auf den Sitzen sind natürlich gesünder und besser als Kunststoff oder (Schwitz-)Leder, weil sie Luft und Feuchtigkeit besser durchlassen. Kunststoffmaterial hat eigentlich nur an Kanten und Ecken Berechtigung, Leder immerhin auch noch in der Eitelkeit des Luxuswagenbesitzers.

Stecken wir im übrigen nicht allzuviel medizinisches Kopfzerbrechen in den Fahrersitz. Kümmern wir uns lieber darum, wie er in fahrtechnischer Hinsicht taugt. Und lassen wir uns dabei von folgender (aus der Verkehrspsychologie stammenden) Formulierung leiten: »Man sitzt dann ideal im Auto, wenn man sich nicht als Ladegut befördern läßt, sondern zum Einbauteil geworden ist.«

Am besten würde diese Aufgabe ein sogenannter Schalensitz erfüllen. Ein Schalensitz ist ein Mittelding zwischen Zahnarztstuhl und Sitzbadewanne und läßt den Körper garantiert nach keiner Richtung hin ins Rutschen kommen. Sportfahrer schätzen den Wert eines guten Schalensitzes so sehr, daß sie ihn auch für zehn oder zwanzig PS mehr nicht eintauschen würden. Gute schaumgummigepolsterte Schalensitze sind obendrein paradiesisch bequem, sobald man einmal in sie hineingeflossen ist wie der Backteig in die Kuchenform. Aber bevor es noch soweit ist, leider, erfordern sie eine gehörige Portion Gelenkigkeit, mehr jedenfalls, als der normale Alltagsfahrer im normalen Alltagsverkehr zu investieren in der Lage ist – zumal fürs Aussteigen mitunter erst recht wieder ein Flaschenzug wünschenswert wäre. Schalensitze sind also für den Kurzstreckenverkehr und das häufige Ein- und Aussteigen unpraktisch, und da sie teuer sind, hat sich bis jetzt noch kein Automobilhersteller gefunden, der einen solchen Sitz serienmäßig spendiert hätte.

Zum Glück tut's ein normaler Sitz auch, sofern er den Rücken möglichst in seiner ganzen Länge stützt, den Oberschenkeln genügend Auflagefläche bietet, die Stöße nicht federt, sondern dämpft, und dem Körper zumindest soviel seitlichen Halt verleiht, daß man sich nicht in jeder Kurve am Lenkrad festklammern muß. Sitzbänke bieten diesen seitlichen Halt leider in keinem Fall. Sie sind daher auch für richtiges Autofahren ungeeignet.

Kommen wir endlich zum Kernpunkt der Sache – zur Sitzposition.

Bei diesem Thema wird nicht selten das Kind mit dem Bad ausgeschüttet, denn immer häufiger kann man hören, gute Autolenker hätten in jedem Fall mit ausgestreckten Armen am Volant zu sitzen.

Das ist jedoch Unsinn. Mit völlig gestreckten Armen (wie man es zum Beispiel bei den Grand-Prix-Piloten sieht) können überhaupt nur solche Fahrzeuge gelenkt werden, deren Lenkräder ungewöhnlich klein sind und vollkommen senkrecht stehen. Denn hinter jedem normal geneigten Lenkrad von üblicher Größe müßte man immer wieder eine Art Verbeugung machen, sooft man den Lenkradkranz an seiner höchsten und somit am weitesten entfernten Stelle vorbeiführt – worauf der Halt an der Sitzlehne prompt verlorengehen würde. Außerdem sind unsere Alltagsautos keineswegs so gebaut, daß wir in Rennfahrer-Manier hinterm Lenkrad liegen und dabei den Schaltknüppel erreichen könnten, ohne uns den Arm auszukugeln. Und überdies: Nur ein paar Stunden Urlaubsfahrt mit total ausgestreckten Armen – und unsere untrainierten Muskeln würden einen Extraurlaub brauchen.

Wichtig ist für den Normalfahrer nur eines: daß er nicht am Lenkrad klebt. Denn auf diese Weise würde er sich den Platz zum Lenken – egal, welche Technik er dafür anwendet – selber stehlen. Man muß nur einmal beobachten, wie übermächtig es Anfänger oder unsichere Fahrer mit der Nase zur Windschutzscheibe zieht, wie liebevoll sie dabei das Lenkrad zur Brust nehmen und wie hoffnungslos sie sich dann mit den eigenen Händen im Weg sind, wenn sie das Lenkrad schnell und zügig bewegen sollen. So manches simple Einbiegemanöver von einer Straße in die nächste, endet nur deshalb sträflicherweise in der Fahrbahnmitte, weil der Einbieger nicht gelernt hat, seinen Händen den nötigen Platz zum Lenken zu lassen. Auch das bekannte Schürhakenfahren vor dem Abbiegen – man zieht dabei den Wagen etwas zur Straßenmitte, um weniger abrupt einschlagen zu müssen – ist zumeist nichts anderes als fehlende Bewegungsfreiheit am Steuer.

Nein: rücken Sie mit dem verlängerten Rückgrat so tief wie möglich in den Sitz hinein, schieben Sie anschließend den Sitz so weit nach hinten, daß Sie mit dem linken Fuß das Kupplungspedal gerade noch austreten können, lehnen Sie sich dann entspannt zurück (auch Ihre Schultern müssen Kontakt mit der Lehne haben), und greifen Sie zuletzt ans Lenkrad – dann sitzen Sie richtig.

Sollte Ihnen Ihr Abstand vom Lenkrad fürs erste ungewöhnlich groß vorkommen, so urteilen Sie bitte nicht schon nach fünf Minuten über dieses neue Sitzgefühl. Nach ein paar Tagen werden Sie vermutlich gar nicht mehr begreifen, wie Sie jemals anders fahren konnten. Denn zum richtigen Lenken (mit dem wir uns später noch ausführlich befassen werden) gehören nun einmal mindestens 30 bis 40 Zentimeter Distanz zum Volant – weil man nur auf diese Weise locker und unbehindert reagieren und schnelle Ausweich- und Korrekturbewegungen feinfühlig genug durchführen kann. Wer sich dazu für eine saubere Lenktechnik mit genormtem Vor-, Nach- und Übergreifen (wovon wir noch sprechen werden) entschließt, braucht diese Distanz zum Lenkrad erst recht. Sie ist von so elementarer Bedeutung, daß man sich in einem Auto, in dem man in der gebotenen Entfernung zum Lenkrad sitzt und Kupplung und Bremse mit den Füßen nicht mehr erreicht (was bei den heutigen Serienfahrzeugen zum Glück kaum noch vorkommt), tatsächlich überlegen müßte, die Pedale durch entsprechende Klötzchen näher heranzuholen.

Es lenkt sich aber nicht nur besser, es lebt sich auch besser auf Distanz. Dafür sorgt zunächst einmal ein gewisses psychologisches Plus: wenn man weiter weg vom Lenkrad sitzt, stellt sich automatisch das Gefühl größerer Souveränität und besserer Übersicht ein, man sieht sich gewissermaßen selbst beim Fahren zu und neigt weniger zu Kurzschlußhandlungen. Die Sicht nach vorne bleibt, wenn man zurückgelehnt sitzt, dank der heute üblichen abfallenden Motorhauben und bis ins Dach hochgezogenen Windschutzscheiben im wesentlichen unbeeinträchtigt (die toten Winkel der vorderen Dachpfosten werden sogar kleiner), und allenfalls, wenn bei Regen, Nebel oder Schnee der Sichtwinkel durch das freigehaltene Scheibenwischerfeld zu eng werden sollte, könnte das ein Grund sein, den Sitz vorübergehend um eine Raste nach vorn zu rücken.

Nach distanzierter Fahrweise verlangt vor allem aber jeder richtig getragene Sicherheitsgurt. Wer sich nämlich beim Lenken vorbeugt, ändert immer wieder die sogenannte Gurt-Lose (jenen Spielraum, der zum strammen Anliegen des Gurtes fehlt) und reduziert damit die Gurtwirkung. Außerdem verkleinert sich beim vorgebeugten Sitzen der Platz, den der Gurt beim Unfall zur Ausdehnung braucht. Schon ein paar Zentimeter können da lebensentscheidend sein. Wer zurückgelehnt und entspannt sitzt, wird überdies den leichten Druck des Automatikgurts – und nur Dreipunkt-Automatikgurte sind überhaupt empfehlenswert – kaum je als störend empfinden. Lästig sind Gurte vor allem dann, wenn man sich nach vorne beugt und ständig Zug auf sie ausübt.

Daß zum sicheren und richtigen Autofahren der Gurt (nebst Kopfstütze) gehört, sollte heute keiner Diskussion mehr bedürfen. Der angelegte

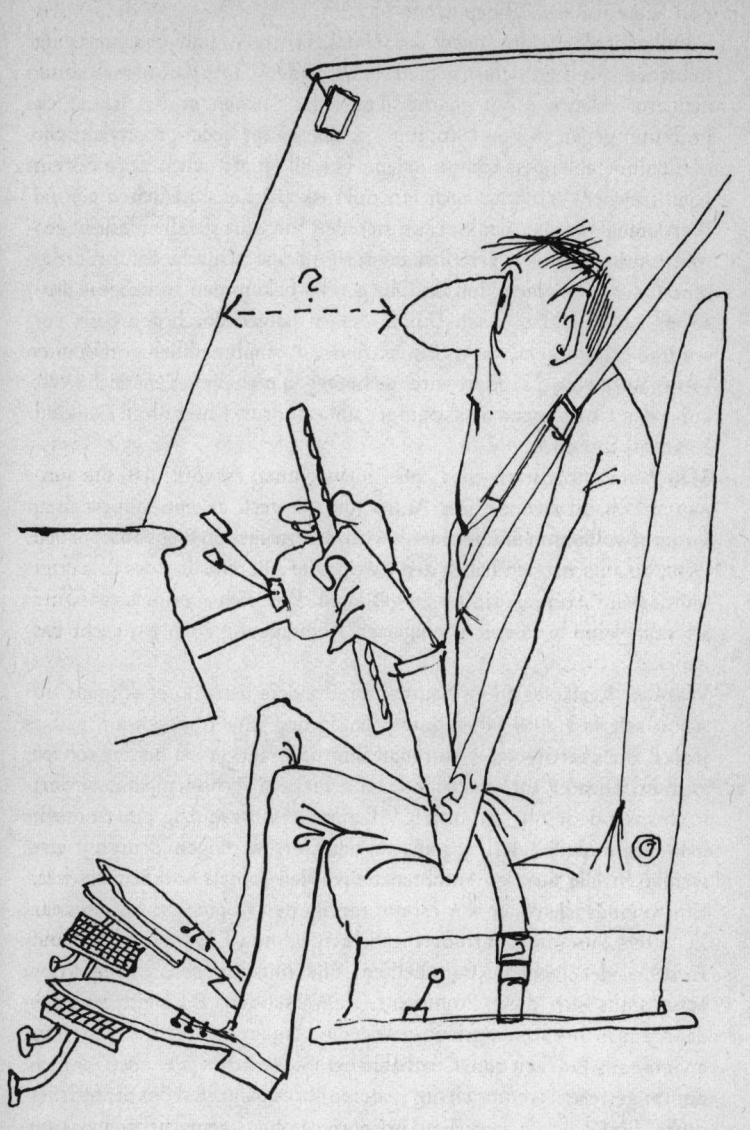

Gurt muß für jeden modernen Menschen eine Selbstverständlichkeit sein wie etwa das Zähneputzen.

Unfallstatistik, Erfahrungen der Unfallchirurgen und Crashtests der Industrie sprechen derart gebieterisch für den Gurt, daß man – sofern man ihn ablehnt – mit gleicher Logik das Turnen in der Schule, die Impfung gegen Kinderlähmung, ja überhaupt jede prophylaktische Maßnahme ablehnen könnte – denn überall lauert neben der erhofften segensreichen Wirkung auch ein mikroskopisches Quentchen Gefahr. Wer anders darüber denkt, muß sich den Vorwurf gefallen lassen, entweder mittelalterlich verbohrt oder zumindest schlecht informiert zu sein. Oder auch einen Floh ins Ohr gesetzt bekommen zu haben – denn sicher ist, daß über einen Unfall, dessen Folgen durch den Gurt verschlimmert wurden (was nur in extremen Ausnahmefällen vorkommen kann), ausgiebig diskutiert wird, wohingegen man die segensreiche Wirkung des Gurts mehr oder weniger unbeeindruckt und ohne Dank zur Kenntnis nimmt.

Manchen Autofahrern wird dabei nicht einmal bewußt, daß die sogenannte Knautschzone ihres Autos (die sie gern akzeptieren, ja sogar fordern) vollkommen überflüssig wird, sofern sie sich nicht anschnallen. Denn Knautschzonen haben den Zweck, die Abbremsung des Passagierraums beim Aufprall sanfter zu gestalten. Wer sich aber nicht ans Auto schnallt, kann an dieser verzögerten Abbremsung auch gar nicht teilhaben.

Was den Verfasser dieses Autofahrer-Breviers betrifft: er schnallt sich schon seit fast zwei Jahrzehnten fleißig und unverdrossen an, hält es jedoch für übertrieben, wenn man ihm nachsagt, er sei bereits so weit, auch im Theater, im Kino oder daheim vor dem Fernsehapparat automatisch nach dem Gurt zu tasten. Allerdings: vor zwanzig Jahren mußte man schon ein Sonderling sein, um den Gurt zu mögen, denn nur ganz wenige Insider aus der Autobranche wußten damals wirklich Bescheid. Um so eindrucksvoller war es, mit profilierten Köpfen des automobilen Zeitalters zusammenzutreffen (mochten sie nun Ferry Porsche, Henry Ford II. oder Jochen Rindt heißen) und mitzuerleben, mit welchem Fanatismus sich diese Prominenten anschnallten. Da sagte man sich dann eines Tages zwangsläufig: was die können, kannst du auch. Oder anders: aus Eitelkeit zum Gurtliebhaber. Sicherlich wär es aber gar nicht dumm gewesen, wenn sich die späteren Propagandisten des Sicherheitsgurts diesen psychologischen Ansporn zunutze gemacht und das riesige Heer der Autofahrer auf diesen Nachahmungstrieb hin erprobt hätten ...

Mittlerweile haben sich die Bande frommer Scheu vor den Banden der automobilen Sicherheit zum Glück auch ohne derlei Tricks im Volksbewußtsein gelöst. Erstaunlich eigentlich: Rauchen und nicht anschnallen – beides ist gefährlich. Wiewohl es aber nikotinversessene Ärzte die schwere Menge gibt, gibt es auf der ganzen Welt keinen einzigen Automobilkonstrukteur, der sich nicht anschnallen würde. Selbst wenn er nur ums nächste Eck fährt, um ein Päckchen Zigaretten zu holen. Ich finde: Automobilkonstrukteure sind – zumindest gegen sich selbst – die besseren Ärzte.

Übrigens, weil vom Um-den-Häuserblock-Fahren die Rede ist: Immer noch glauben viele Autofahrer, sich zwar über Land anschnallen zu müssen, im Stadtverkehr aber darauf verzichten zu können. Sie lassen sich dabei weniger von Gründen der Bequemlichkeit leiten als von einer vollkommenen Fehlinterpretation der Gesetze der Kinetik.

Denn die Wirkung des Sicherheitsgurtes ist bei hoher Landstraßen- oder Autobahngeschwindigkeit leider viel begrenzter als bei den vergleichsweise niedrigen Geschwindigkeiten in der Stadt. Überspitzt formuliert: wer mit Tempo 150 einen Entgegenkommenden zu rammen gedenkt, braucht dabei nicht unbedingt angeschnallt zu sein – denn seine Chancen, zu überleben, sind auch mit angelegtem Gurt nicht rosig. Im Stadtverkehr hingegen können Sie nach einem Aufprall mit Tempo 50 in unangeschnalltem Zustand ganz leicht tot sein – wohingegen Sie der Gurt in einem solchen Fall mit größter Wahrscheinlichkeit vor dem letalen Ausgang bewahrt.

Dabei reden wir noch gar nicht von den folgenschweren Verletzungen, die man sich mit Hilfe der Sicherheitsgurte im Stadtverkehr ersparen kann: schon relativ harmlose Kollisionen im innerstädtischen Schleichverkehr führen leider immer wieder dazu, daß unangegurtete Lenker mit den Augen im Rückspiegel oder mit der Nase auf dem Lenkrad landen und sich auf diese Weise wenn schon nicht umbringen, so zumindest für ihr ferneres Leben verunstalten.

Eine ganz andere Frage ist es allerdings, ob Behörden und Vater Staat das Nichtanschnallen unter massive Strafandrohungen stellen sollen oder nicht. Im Gegensatz zu vielen anderen Ländern, die in solchen Fällen Geldstrafen und daneben noch zivilrechtliche Folgen vorsehen, haben Deutschland und Österreich hier einen toleranteren Weg eingeschlagen. Man hofft dort, daß die Kraftfahrer die Gurte auch ohne gesetzlichen Zwang anlegen. In der Schweiz ist eine ähnliche Regelung aufgrund der jüngsten gerichtlichen Entscheidungen zumindest denkbar.

Das hindert mich freilich nicht daran, auf meine Mitfahrer den nacktesten privaten Gurtterror auszuüben. Daß jemand neben mir auf dem Beifahrersitz unangeschnallt sitzt, kommt überhaupt nicht vor. Denn in diesem Falle fahre ich gar nicht erst los. Nicht für Geld und gute Worte. Und auch nicht aufgrund des betörendsten Augenaufschlags – denn die Reparatur eines besonders hübschen Gesichts kommt mich dann vielleicht besonders teuer.

Ebenso wichtig ist es aber auch, hinten Sitzgurte zu haben, wenn man Familienfahrer ist, und die hintensitzenden Passagiere zum Anschnallen zu bewegen. Setzen Sie sich ruhig über alle familiären Proteste hinweg. Spielen Sie den Haus- und Gurttyrannen. Sie müssen ja auch in vielen anderen Fällen für die Ihren denken.

Und spätestens wenn Ihre liebe, hintensitzende, unangeschnallte Schwiegermutter bei einem Unfall, für den Sie vielleicht gar nichts können, bei Ihnen vorne zur Landung einschwebt, werden auch Sie zu der Einsicht gelangen: es lebt sich besser auf Distanz.

Bekenntnis zur unreinen Gangart

Vom Beschleunigen und Hinaufschalten

Was für ein Stoff das ist, aus dem die guten Autofahrer sind – das haben wir schon im ersten Kapitel untersucht; im Laboratorium gewissermaßen, unter der Lupe. Und wie ein guter Autofahrer in der Praxis aussieht – das würde einen ebenso langen Steckbrief ergeben.

Zum Glück hat sich das Volkswagenwerk 1977 nicht lange nach Definitionen umgesehen, sondern einfach zehnjährige Schüler nach der Fahrkunst ihrer Eltern befragt. Vielleicht eingedenk des Sprichworts, daß Kinder und Narren die Wahrheit sagen. Vielleicht auch nur in der Absicht, einige amüsante Worte aus Kindermund zu hören. Oder vielleicht sogar deshalb, weil niemand kindliches Geplapper auf die Goldwaage legen würde.

Wie dem auch sei – die Antworten hatten es in sich. »Mein Vater fährt immer zügig und daher auch den anderen immer hinten drauf« schrieb ein Dreikäsehoch aus Braunschweig. Und ein anderer gestand: »Mein Opa ist ein sehr vorsichtiger Fahrer, nur leider schläft er immer am Steuer ein.«

Es geht aber weiter: »Mein Vater lacht, wenn ich ihn anstachele, daß er einen Mercedes 450 überholen soll. Wenn wir das wirklich schaffen, finde ich das toll.« Oder: »Meine Mutter fährt mir viel zu vorsichtig. Das gefällt mir und meiner Schwester gar nicht. Langsamfahren ist einfach scheußlich.«

Es gibt aber auch vollkommen entgegengesetzte Kinderurteile. Wie etwa: »Ich fahre lieber mit Mutti, da kann man erzählen und erzählen.« Oder: »Vater ist ein Raser; wenn er schnell fährt, ist man froh, wenn man irgendwie heil herauskommt.« Oder, erstaunlich differenziert: »Meine Mutter fährt anständig und doch nicht zu anständig.«

Wenn man dem Belgier Paul Frère (der Ingenieur, Grand-Prix-Pilot, Le-Mans-Sieger, Automobiljournalist und obendrein ein gescheiter Mann ist) die Frage vorlegt, was denn eigentlich ein guter Autofahrer sei, so pflegt er eine Anekdote zu erzählen, in der ebenfalls Kinder vorkommen.

Die Anekdote betrifft ihn selbst, oder genauer gesagt seine Familie. Frau und Kinder unseres Piloten weilten nämlich eines Sommers zur Erholung auf einem Bauernhof, während Papa Frère irgendwo in Europa seine geliebten Rennen fuhr. Und als der Familienurlaub zu Ende ging und Papa Frère immer noch nicht zurück war, nahm ein hilfreicher Freund des Hauses mit einem großen amerikanischen Auto Frau und Kinder des Rennfahrers nach Brüssel mit, wo die Familie Frère damals lebte. So weit war also alles in Ordnung.

Die Pointe dieser Geschichte jedoch ist: Frères Kinder wollten von diesem Tage an nur noch ungern zu ihrem Papa ins Auto steigen. Sie fanden, der fremde Gentleman habe sich als weitaus besserer und angenehmerer Autofahrer erwiesen als ihr eigener Papa, und es sei jammerschade, daß sie nicht immer mit besagtem Herrn unterwegs sein könnten. Ein Autofahrer-Idol (denn Paul Frère zählte in den fünfziger Jahren zu den besten Rennfahrern der Welt) war gewissermaßen im eigenen Hause entthront worden.

Nun gehört erstens ein ziemliches Maß an Abgeklärtheit dazu, eine solche Anekdote überhaupt zu erzählen. Millionen Autofahrer, die dem liebenswürdigen Paul am Volant eines Autos nicht das Wasser reichen könnten, würden vermutlich nach einer ähnlichen Erfahrung höchstens ihre Kinder übers Knie legen und ihnen einbläuen, wer der wahre Chef ist.

Doch davon einmal abgesehen – was Paul Frère mit dieser Geschichte sagen will, ist klar: daß man mit der Familie anders auf Urlaub fährt als im Rennwagen um einen Grand-Prix-Circuit.

Dennoch ist Frère der Meinung (und man muß ihm darin wohl beipflichten), daß gewisse Dinge in beiden Fällen zum richtigen Autofahren gehören. Als Beispiel nennt er etwa die Sitzposition – die wir schon kennen. Es gibt aber auch noch andere vergleichbare Dinge. Zum Beispiel wird es keinem Rennfahrer einfallen, im Leerlauf durch eine Kurve zu rollen. Das sollte auch der Sonntagsfahrer nicht tun, und wenn er noch so viel Zeit hat. Und zwar aus vielerlei Gründen nicht.

Der einfachste Grund ist physikalischer Art. Physikalisch gesehen haben wir es ja in Kurven vor allem mit der Zentrifugalkraft zu tun, jener Kraft, die den Wagen nach der Kurvenaußenseite zu ziehen sucht. Daß ihr das in den meisten Fällen nicht gelingt, liegt am Lenkradeinschlag und an der Haftreibung der Pneus auf der Fahrbahn. Rollen wir ohne Gas durch eine Kurve, wird diese Haftreibung der Pneus in erster Linie durch das Gewicht des Fahrzeugs bestimmt. Geben wir aber Gas und lassen wir den Motor die Räder antreiben, (egal, ob die Vorderräder oder die Hinterräder), so wird durch die Gewichtsverlagerung nach hinten (jedes Auto knickt beim Beschleunigen hinten ein) die Haftreibung der Hinterräder erhöht – und diese zusätzliche Haftreibung sollten wir uns in keiner Kurve entgehen lassen.

Noch deutlicher wird dieses physikalische Gesetz, wenn wir in der Kurve Gas wegnehmen. Dann knicken die Vorderräder ein und die Hinterräder werden entlastet. Sowohl beim vorderradgetriebenen als auch beim hinterradgetriebenen Wagen kann diese Entlastung der Hinterräder dazu führen, daß sie plötzlich seitlich wegrutschen – wohingegen schon ein Millimeterchen mehr auf dem Gaspedal die Hinterräder belastet und damit das Wegrutschen verhindert.

Übrigens: Vollgas in dieser Situation kann die Räder natürlich auch zum seitlichen Wegrutschen bringen. Aber davon reden wir hier zunächst noch nicht. Wir reden hier immer noch von Paul Frère und der Tatsache, daß gewisse Grundregeln für jeden Autofahrer gelten. Und eine dieser Grundregeln lautet: immer mit etwas Gas durch die Kurve.

Freilich heißt das, daß wir uns schon vor der Kurve auf dieses Gasgeben einrichten müssen. Denn wenn wir beispielsweise im vierten Gang auf eine relativ enge Kurve zufahren, wird es uns wohl nicht möglich sein, diesen Gang drinnenzulassen (die Geschwindigkeit also im wesentlichen beizubehalten) und trotzdem in der Kurve noch Gas zu geben. Dann würden wir aus ihr hinausfliegen.

Wenn wir also Kurven prinzipiell mit Gas durchfahren wollen, müssen wir vorher (vom Bremsen einmal ganz abgesehen) hinunterschalten. Eine weitere Grundregel ist damit verständlich: vor Kurven in den niedrigeren Gang.

Wer einen Wagen mit automatischem Getriebe fährt, wird sich in diesem Punkt vermutlich nicht ganz leicht tun. Denn wenn er, was nur natürlich ist, vor der Kurve Gas wegnimmt, schaltet die Automatik in der Regel hinauf statt hinunter, tut also genau das Verkehrte.

Dennoch ist es nie die Automatik, die das Mitfahren angenehm oder unangenehm macht, sondern immer nur die Persönlichkeit des Fahrers. Ich erinnere mich an einen guten Freund, den vielfachen deutschen Sportwagenmeister Richard von Frankenberg, der sicherlich ein ganz hervorragender Fahrer war, mit dem aber, so vermute ich, die Kinder Paul Frères auch nicht glücklich geworden wären. Ich habe oft neben Frankenberg gesessen, wenn er seinen Porsche über die schwäbische Alb getrieben hat, und zwischendurch hat er mir auch gezeigt, wie man den Nürburgring fährt, oder besser: wie Richard von Frankenberg den Nürburgring fährt. Immer war für ihn dabei die technische Perfektion ausschlaggebend, ein Computer hätte vermutlich seine Schaltmanöver nachrechnen können und alles hätte gestimmt – aber angenehm war diese Fahrweise nicht gerade.

Hingegen kenne ich einen anderen Weltklassefahrer, den Stuttgarter Hans Hermann, der noch am Steuer der legendären Mercedes-Silberpfeile gesessen hat, und auch Hans Hermann hat mir gezeigt, wie er den Nürburgring fährt. Und einmal, ich glaube es war beim Schwalbenschwanz, da brachte er vor der Kurve den richtigen Gang nicht hinein. Er versuchte es binnen Sekunden einmal, zweimal – aber dann lächelte er verzeihungsheischend und zauberte sich einfach im falschen Gang durch die Kurve. Während dieser fahrtechnisch ein wenig mißglückten Operation war weder dem Fahrer noch dem Wagen irgendwelche Hektik anzumerken, es gab kein Rucken, keine fahrigen Bewegungen, der Motor heulte nicht auf, alles floß ruhig und wie selbstverständlich ineinander.

Was ich meine, ist dies: wenn ein Panther über einen Busch in der Savanne springt, springt er anders als ein Leichtathlet über die künstliche Hürde. Er springt natürlicher, gelöster, geschmeidiger – eben raubtierhaft. Es gibt dabei für ihn keine intellektuellen Probleme.

Wer so Auto zu fahren versteht, wie der Panther springt, wird die Mitfahrer immer auf seiner Seite haben. Natürlich ist das eine Sache der Veranlagung, und wer dieses Kunststück nicht zuwegebringt, braucht deshalb – schließlich sind wir keine Raubtiere – den Kopf nicht hängenzulassen. Das Verkehrspsychologische Institut in Wien hat sogar im Zuge einer Versuchsreihe nachgewiesen, daß derjenige Fahrer, bei dem nicht alles fließend ineinanderspielt, keineswegs als der schlechtere und schon gar nicht als der unfallanfälligere betrachtet werden darf – wobei im Verlaufe zweier Fahrverhaltensanalysen mehr als sechzig verschiedene »Fahrverhaltensvariablen« zur Beurteilung herangezogen wurden, wie etwa Einsteigen (vorsichtig – unbekümmert), Anfahren (weich – hart), Einkuppeln (langes Schleifen – ruckartig), Schalten (viel – wenig), Schaltvorgang (schleppend – flott), Hand am Schalthebel (viel – wenig), Kurvenfahren (gezielt – verschliffen), Gasgeben (weich – abrupt), Einordnen (angepaßt – unangepaßt), Haltung (gelöst – gespannt), Gestikulieren (viel – wenig), Aufmerksamkeit (fixierend – fluktuierend) und noch vieles andere mehr.

Sagen also diese Kategorien nur wenig über die Güte eines Fahrers aus, so offenbaren sie doch, daß es wie sonst im Leben auch beim Autofahren der Ton ist, der die Musik macht. Mit anderen Worten: daß auch derjenige, der relativ häufig zum Schalthebel greift, für seine Passagiere angenehm fahren kann, wohingegen so mancher Automatikfahrer, der keinen Gedanken ans Kuppeln und Schalten zu verschwenden braucht, das Unbehagen seiner Mitfahrer sehr wohl zu fördern vermag. Hieraus sind also keine Kriterien für oder gegen die Automatik zu gewinnen.

Wohl aber muß man es als richtungweisend betrachten, daß die sogenannte Erdölkrise der siebziger Jahre den Trend zum großvolumigen Auto (der ja aus Gründen der Sicherheit und auch des Umweltschutzes wegen durchaus zu begrüßen gewesen wäre) nachhaltig gestoppt hat. Kleine Hubräume und minimaler Benzinverbrauch sind in Amerika der Zukunftstrend, und damit dürfte der immer wieder prognostizierte weltweite Siegeszug der Automatik – die nur mit großvolumigen, starkpferdigen Motoren befriedigende Ergebnisse liefert – auf viele Jahre hinaus aufgehalten sein.

Man mag das bedauern. Ohne Schalthand und ohne Kupplungsfuß unterwegs zu sein, wäre sicherlich auch in Europa eine angenehme Sache gewesen, aber leider kann man nicht beides auf einmal haben: optimalen Bedienungskomfort bei minimalem Verbrauch.

Um schließlich der Getriebeautomatik noch einen – durchaus nicht gehässigen – Tritt ins Grab zu verpassen: gar so fahrerschonend, wie man es immer wieder vernehmen kann, ist sie nicht. Zwar haben die einschlägigen medizinischen Untersuchungen eindeutig ergeben, was zu erwarten gewesen war: wer nicht zu kuppeln und nicht zu schalten braucht, strengt sich weniger an.

Was dabei allerdings ausgeklammert bleibt, ist der Umstand, daß jede Getriebeautomatik aufgrund des sogenannten Drehmomentwandlers, der turbinenschaufelartig zwischen Motor und Getriebe als ausgleichendes Element eingeschaltet wird, auch die bremsende Wirkung des Motors reduziert. Wer also in einem normalen Auto vom Gas geht, spürt sofort, wie der auf Nulldiät gesetzte Motor dank seiner Massenträgheit das gesamte Vehikel abbremst. Nicht so bei Automatikfahrzeugen: wer dort vom Gas geht und wirklich langsamer werden will, muß bremsen. Man sieht es am hektischen Aufleuchten der Bremslichter, wenn man in der Kolonne hinter einem Automatikfahrzeug fährt – es wird doppelt so oft als normalerweise aufs Bremspedal getippt. Nur ist in dieser Richtung der Pulsschlag der Fahrer vorläufig noch nicht kontrolliert worden.

Kalkuliert man ferner ein, daß jede unwillkürliche Änderung der Gaspedalstellung im Automatikauto zu einem Schaltstoß führen kann und daß derlei unerwartete Schaltstöße zum Beispiel auf winterlich glatter Fahrbahn binnen Herzschlagschnelle das ganze Fahrzeug ins Schleudern bringen können, so wird man der Automatik keine Träne nachweinen. Auf diesem Gebiet ist die Fahrzeugtechnik der Fahrtechnik leider noch unterlegen.

Woraus sich für den Normalfahrer der kommenden Jahre der Schluß ziehen läßt, daß er den jeweils passenden Getriebegang entsprechend der jeweiligen Situation leider jeweils selbst wählen und selber schalten muß. Er wird also, wenn er richtig Auto fahren will, auch in Zukunft mit vollen Händen unterwegs sein.

Freilich sollte es nicht passieren, daß wir solchen – relativ primitiven – fahrtechnischen Vorgängen besondere Aufmerksamkeit widmen müssen. Wenn wir beispielsweise aus einer Seitenstraße in den dichten Fahrzeugstrom einer Hauptstraße einbiegen wollen, dann sollten unsere Augen und unsere Aufmerksamkeit allein dem Erfassen der Verkehrssituation zugewendet sein. Wir dürfen nicht erst überlegen, ob wir in den zweiten oder in den ersten Gang zurückschalten sollen, oder gar darüber nachdenken, wo diese Gänge liegen. Ebensowenig sollte es uns Mühe machen, den richtigen Gang zum richtigen Zeitpunkt einzurücken. Im Notfall, das lernt man ja in der Fahrschule, probiert man's mit einem anderen Gang. Dann geht, so Gott will, auch der erste hinein.

Und weil wir schon vom Einlegen des ersten Ganges reden: nur Anfänger lassen beim Wegfahren den Motor aufheulen und die Kupplung schleifen, wobei sie der Lärm darüber hinwegtäuscht, daß ihr Auto auf diese Art keineswegs rascher beschleunigt. Der Fehler liegt darin, dem Motor vor dem Wegfahren eine gewisse Drehzahl, sagen wir 3000 Touren, zu geben und anschließend das Kupplungspedal langsam loszulassen, so daß sich das Auto ruckfrei in Bewegung setzt. Denn auf diese Weise wird durch Schleifenlassen der Kupplung die gleichförmige, rucklose Beschleunigung erreicht.

Viel gekonnter ist es, zuerst einzukuppeln und dann erst die volle Motorkraft bis zu den Antriebsrädern durchfließen zu lassen. Man stellt zunächst bei wenig Gas mit Hilfe der Kupplung die Verbindung zwischen Motor und Getriebe her und bemüht sich dann, die gleichförmige Beschleunigung durch richtiges Gasdosieren zu erreichen, nämlich durch relativ langsames Niederdrücken des Gaspedals.

Anders ausgedrückt: man läßt zuerst die Kupplung »kommen« und bringt erst dann, einen Herzschlag später, den Motor auf volle Leistung. Wer so wegfährt, wird seine Kupplung niemals zu riechen bekommen und ihren Verschleiß auf ein Minimum reduzieren.

Die gleiche Methode ist natürlich auch beim Schalten in den zweiten, dritten oder vierten Gang am Platz – niemals also die Kupplung schleifen lassen, stets den Ruck durch Gasdosieren kompensieren. Im übrigen: sobald der Kraftschluß einmal hergestellt ist, hat der Fuß auf der Kupplung nichts mehr zu suchen. Wir stellen ihn neben das Pedal.

Um wieder auf den richtigen Gang zur rechten Zeit zurückzukommen: erst recht sollten wir nicht lange überlegen müssen, welchen Gang wir brauchen, wenn wir zum Überholen ansetzen. Dann sind wir auf alle Fälle schon zu spät dran – wenn's gut geht, nur fahrtechnisch zu spät.

Als Grundregel gilt: man schaltet noch vor dem Augenblick, in dem man zum Überholen ansetzt, in einen möglichst niedrigen Gang zurück, weil man ja in den niedrigen Gängen bekanntlich über die bessere Beschleunigung verfügt. Muß man zum Beispiel hinter einem langsamen Fahrzeug, ehe der Überholweg freigeworden ist, auf 60 km/h zurück, so wäre es nicht nur fahrtechnisch falsch, im vierten Gang zu bleiben, statt den dritten oder, wenn es der Wagen verträgt, den zweiten zu wählen. Denn selbstverständlich kommt es auf nichts anderes an, als mit Hilfe der bestmöglichen Beschleunigung den kürzesten Überholweg zu erzielen, und wenn dazu während des Überholvorganges das Schalten vom zweiten auf den dritten Gang notwendig wird, so muß das für jeden Überholer eine Selbstverständlichkeit sein und nicht etwa ein Anlaß dafür, das Überholen gleich im dritten Gang zu beginnen. Das hieße aus fahrtechnischem Unvermögen heraus einen schweren verkehrstechnischen Fehler begehen – mit unter Umständen traurigen Folgen.

Früher mußte man übrigens Autolenkern, die sich perfektionieren wollten, immer wieder einhämmern, beim Überholen nicht zu dicht aufzufahren. Sie klebten sich meistens an die hintere Stoßstange des zu überholenden Fahrzeugs, hatten aus diesem Grund keinen Überblick über den entgegenkommenden Verkehr, zogen immer wieder hoffnungsvoll nach links – und resignierten dann zumeist wieder.

Wie dankbar waren sie, wenn man sie lehrte, den Abstand etwas größer zu halten. Nicht nur überblickten sie auf diese Weise die Straße besser, sie konnten auch schon, sobald das letzte Fahrzeug des Gegenverkehrs ihren Vordermann passierte, selbst Vollgas geben, gewissermaßen einen Anlauf nehmen und mit beträchtlicher Geschwindigkeit viel schneller am vorausrollenden Fahrzeug vorbeiziehen, als hätten sie mit dessen bescheidenem Tempo zum Überholen angesetzt.

Natürlich gilt diese Regel auch heute noch. Aber wenn man sieht, mit welcher Selbstverständlichkeit heutzutage auf den Autobahnen – gewissermaßen im Brustton der eingehaltenen Richtgeschwindigkeit – bereits viele hundert Meter hinter einem Lastwagenzug auf die Überholspur hinübergewechselt wird, und wenn man miterlebt, wie auf diese Weise Überholwege von mehreren Kilometern Länge produziert werden, dann möchte man diesen Langzeitüberholern am liebsten zurufen: macht es doch wie ehedem, klebt euch an eure Vordermänner, aber blockiert nicht kilometerweit beide Fahrbahnen durch euren egozentrischen Blumenkorsostil.

Ein anderer Überholratschlag ist jedoch aktuell wie eh und je: im Zweifelsfall nie die Flucht nach vorn anzutreten. Erstens: wer zweifelt, sollte aufs Überholen – in dieser Situation – überhaupt verzichten. Es kann aber einmal vorkommen – auch wenn es nicht vorkommen sollte –, daß man sich gleichsam ohne Schuld verschätzt, daß die Situation zunächst sonnenklar, gefahrlos und einladend erschien und daß man dennoch plötzlich durch einen Entgegenkommenden in Bedrängnis gerät.

Dann wünscht man sich (Hand aufs Herz!) mitunter einen Nachbrenner, der dem eigenen Fahrzeug Flügel verleiht und der es raketengleich nach vorn in die sichere Lücke katapultiert.

Doch gibt es nirgendwo eine Straße, die nicht breit genug wäre, um einem einsichtsvollen Entgegenkommenden das äußerste Heranfahren an den Straßenrand und damit dem wahnwitzigen Überholer das Durchkommen zu ermöglichen – und viele gräßliche Frontalzusammenstöße wären wohl unterblieben, wenn der Entgegenkommende nicht auf sein Recht gepocht und nicht die Lichthupe betätigt, sondern statt dessen im eigenen Interesse lieber einen Notausgang gesucht hätte.

(Damit wir uns richtig verstehen: nicht der Entgegenkommende ist der wahre Schuldige. Doch in solchen Situationen geht es eben nicht um die Schuldfrage, sondern primär ums Überleben. Und es gibt erstaunlich viele Autofahrer, die in haarigen Situationen, nur weil sie im Recht sind,

lieber zur Lichthupe greifen als ein sinnvolles Fahrmanöver einzuleiten.)

Zurück zum Überholen: die Flucht nach vorn hat keinen Sinn. Sie geht
mit größter Wahrscheinlichkeit wesentlich schlimmer aus als jedes
andere Manöver. Wer sich also verschätzt hat oder wer unaufmerksam
oder leichtsinnig war, dem bleibt als vernünftiger Ausweg (neben dem
in eine angrenzende Wiese) nur, sich nach rechts zwischen die überhol-
ten Fahrzeuge zu drängen. Sollen sie ihn anhupen! Soll ihm der Schweiß
ausbrechen! Er hat es verdient. Und er wird mit Recht froh sein, wenn er
auf diese Weise davonkommt.

Eigentlich – nun, eigentlich war in diesem Kapitel vom Schalten die
Rede. Und es wäre zu diesem Thema nachzutragen, daß alle die Dinge,
die mit dem Schalten zusammenhängen, aufgrund der heute üblichen
vollsynchronisierten Getriebe ohnedies keine Hexerei mehr sind. Wer
sich anfänglich damit abplagt, sollte bedenken, daß man vor wenigen
Jahren noch ein Vielfaches an Übung und Fingerspitzengefühl haben
mußte, um ohne Mißton Zahnrad in Zahnrad zu schieben. Ansporn
könnte ihm dabei vielleicht auch sein, daß man den wirklich exzellenten
Fahrer vom lediglich guten nicht zuletzt aufgrund seines Schaltens
unterscheidet. Wer mit exzellenten Fahrern unterwegs ist, merkt deren
Schaltmanöver in der Regel gar nicht. Sie spielen sich gewissermaßen
unter der Oberfläche ab.

Zum Glück kommt uns, die wir keine Schaltvirtuosen sind, beim Hin-
aufschalten der Motor insofern zu Hilfe, als er ja während des Gasweg-
nehmens und Auskuppelns von selbst an Drehzahl verliert und sich auf
diese Weise der neugewählten Gangübersetzung anpaßt. Denn da wir ja
erreichen wollen, daß er mit gleicher oder sogar reduzierter Drehzahl
unseren Wagen schneller als bisher fortbewegt, bieten wir ihm durch
das Hochschalten eine direkter übersetzte Kraftübertragung mit
gemächlicher kreisender Kupplungsscheibe an: jetzt muß er zeigen, was
an Kraft in ihm steckt, ohne dabei hektisch rotieren zu dürfen.

Wo der richtige Schaltzeitpunkt liegt, ist allerdings keine Frage der
Technik, sondern eine der Fahrphilosophie: es kommt darauf an, ob man
ein Maximum an Beschleunigung erzielen, ein Minimum an Benzinverbrauch erreichen oder seinem fahrbaren Untersatz möglichste Schonung
angedeihen lassen möchte.

Wer optimal beschleunigen will, dem wird zumeist geraten, die Gänge
nicht fälschlicherweise ins Uferlose hochzudrehen. Man empfiehlt ihm,

schon bei jener Drehzahl zu schalten, bei der der Motor sein sogenanntes maximales Drehmoment*, also sein bestes Durchzugsvermögen, erreicht, und nicht erst dann, wenn dieses Durchzugsvermögen trotz höherer Drehzahl schon wieder kleiner wird. Das hört sich zwar äußerst vernünftig an, stimmt aber nicht ganz.

Denn ein Auto beschleunigt um so besser, je mehr es von seiner Durchzugskraft auf die Antriebsräder und somit auf die Straße bringt – und dieses Endergebnis ist immer ein Produkt verschiedener Faktoren.

Schalten wir tatsächlich schon am Gipfel der sogenannten Drehmomentkurve in den höheren Gang, so fällt die Drehzahl des Motors, die zu diesem Zeitpunkt erst im mittleren Bereich angelangt war, aufgrund der direkteren Übersetzung in den tiefen Bereich, wo natürlich auch das Drehmoment entscheidend schwächer ist. Schwächeres Drehmoment multipliziert mit direkterer Gangübersetzung ergibt für die Antriebsräder aber kein optimales Beschleunigungsresultat.

Drehen wir hingegen den Motor vor dem Schalten in höhere Bereiche hinauf, so wird der Umstand, daß die Durchzugskraft dabei nachläßt, zunächst durch die Tatsache wettgemacht, daß wir ja noch immer im kleineren Gang (mit höherer Übersetzung) sind. Schon hier sieht das Resultat für die Antriebsräder günstiger aus.

Dazu kommt aber noch, daß der Motor, wenn wir jetzt erst schalten, vom hohen Drehzahlbereich lediglich in den mittleren fällt, also genau dorthin, wo ohnedies irgendwo der Gipfel der Drehmomentkurve angesiedelt ist. Das ergibt in der Multiplikation mit Abstand das beste Resultat für die Antriebsräder und somit auch die beste Beschleunigung.

Natürlich heißt das nicht, um optimal zu beschleunigen, jeden Gang bis zum Ventilscheppern auszudrehen, ehe man erlösenderweise schaltet. Derlei Vandalismus nützt höchstens dem Erzeugerwerk – es wird nämlich auf diese Weise bald ein neuer Ventilmechanismus, wenn nicht

---

* Unter Drehmoment versteht man die Wirkung einer Kraft, die an einem Hebelarm angreift – also das Produkt aus Kraft mal Hebellänge. Beim Motor arbeiten die Kolben ebenfalls an Hebeln, nämlich an den Kröpfungen (ausladenden Partien) der Kurbelwelle. Das maximale Drehmoment (das für das Beschleunigungs- und Bergsteigvermögen eines Autos ausschlaggebend ist) wird bei jener Drehzahl erreicht, bei der Zylinderfüllung, Gemischaufbereitung und Verbrennungsablauf optimal zusammenspielen, die mechanische Reibung im Motor aber noch gering ist. Die Einheit des Drehmoments war früher das Meterkilogramm (mkg) und ist jetzt das Newtonmeter (Nm).

überhaupt ein neuer Motor fällig. Übung und ein gewisses Gespür für die Belastbarkeit maschineller Teile machen auch hier den Meister. Generell wäre zu sagen, daß man in der Regel dann am schnellsten auf die Höchstgeschwindigkeit kommt, wenn man kurz vor der Drehzahlgrenze hochschaltet. Für sportliche Motoren, die nicht nur ihre maximale PS-Leistung, sondern auch ihr maximales Durchzugsvermögen erst bei relativ hohen Drehzahlen erreichen, gilt das im verstärkten Maß. Zivile Motoren hingegen, die schon bei niedrigen Drehzahlen durchzugsfreudig (man könnte auch sagen: elastisch) sind, schaltet man dementsprechend früher.

Beschleunigung ist freilich nicht alles – schon gar nicht in einer Zeit, deren Energiebewußtsein sich immer stärker profiliert. Doch auf der Suche nach der ökonomischen Fahrweise gilt es einige Irrtümer auszuräumen – vor allem jenen, daß man, um Benzin zu sparen, möglichst bald in den höchsten Gang zu schalten und diesen dann um jeden Preis unangetastet zu lassen habe. Wohl stimmt es, daß man im großen Gang weniger Benzin braucht, doch darf man die Sache nicht übertreiben. Was dabei herauskommt, sind untertourig gequälte Motoren, deren Ventile mit den ungewöhnlich langen Öffnungs- und Schließungszeiten nichts mehr anzufangen wissen und die daher bei schlechter Zylinderfüllung eine Menge unverbrannten (und daher verschenkten) Gemisches produzieren.

Nein, gerade der sparsame Fahrer sollte mit einem nicht allzusehr sparen: mit dem Schalten. Denn noch immer lautet das einfachste Kriterium für den ökonomischen Betrieb eines Motors, ihn bei Laune zu halten – also in jenem Drehzahlbereich, in dem er sich am wohlsten fühlt.

Wenn also Drehmomentkurven für den Beschleunigungsfanatiker nur beschränkten Wert haben mögen – für den Sparmeister am Volant haben sie realen Sinn, denn nur dort, wo sich der Motor nicht ungebührlich plagt, ist er auch nicht ungebührlich durstig. Es versteht sich von selbst, daß man angesichts der Sparbestrebungen die Gänge in keinem Fall ausdrehen darf. Es sollte sich aber auch herumsprechen, daß das Anfahren im vierten Gang noch niemandem Vorteile gebracht hat.

Noch wichtiger ist das rechtzeitige Gangwechseln für den, der seinen Motor schonen will. Denn nichts ist ruinöser für Kolben, Lager, Pleuel und Zylinder, als einen gemütlich dahinschnurrenden Motor plötzlich mit Vollgas zu erschrecken, ohne ihm dabei von der Getriebeseite her die nötige Unterstützung zu verschaffen. Hohe Drehzahlen an sich wirken zwar auch nicht gerade lebensverlängernd, doch werden die immensen Trägheitskräfte der hin und her gehenden Massen in diesem Fall zumindest teilweise durch die ebenfalls hohen Gasdrücke kompensiert. Wer jedoch seine Maschine aus dem Leerlauf durch abruptes Gasgeben bei unpassender Getriebeübersetzung hochprügelt, prügelt im Grunde nur sich selbst sowie die eigene Brieftasche.

Man sieht also: es kommt beim Autofahren mehr als anderswo in jedem Augenblick und ununterbrochen auf die richtige Gangart an. Nicht etwa, weil wir sklavisch erfüllen müßten, was die Technik von uns fordert – die Technik ist schließlich für uns da, nicht wir sind es für sie –, sondern weil wir ohne richtiges Schalten und Walten beim Autofahren niemals auf einen grünen Zweig kommen würden. Wir würden weder Benzin sparen noch gefahrlos überholen können, nicht nahtlos in die Lücke zwischen zwei hintereinanderfahrenden Autos hineinbeschleunigen, noch auch nur unserem Motor zu längerer Lebenserwartung verhelfen.

Immer wieder stellt sich außerdem heraus, daß die bequeme, die einfache, die ein- für allemal passende Lösung bedauerlicherweise nicht existiert, daß der richtige Gang im selben Moment schon wieder der unrichtige sein kann, weil, wie schon der alte Heraklit in seiner berühmten Abhandlung über das Flüssigkeitsgetriebe festgestellt hat, alles fließt – und weil es die reine, die alles überdauernde Gangart im ständig wechselnden Autofahrerleben leider nicht geben kann.

Was bleibt uns also anderes übrig, als mit der anderen Alternative Vorlieb zu nehmen – mit der unreinen Gangart?

Weder auf Stottern noch auf Raten

Vom Hinunterschalten und Bremsen

Von Juan Manuel Fangio, dem heute noch populären fünffachen Automobilweltmeister aus Argentinien, wird erzählt – aber hier sollte man wohl erklärend einfügen, damit beim Leser nicht der falsche Eindruck entsteht, es würden in diesem Büchlein nur Rennfahreranekdoten aufgetischt, daß diese Heroen des Lenkrads aufgrund ihrer Profession eben weit mehr von jenen Geschehnissen erleben, die mit dem Autofahren zusammenhängen, als wir, die wir mit dem Auto in der Regel täglich nur einen relativ kurzen Weg zur Arbeit und einmal im Jahr in den Urlaub fahren.

Man sollte sich auch nicht einreden, daß die Erfahrungen der Rennpiste keinerlei Bedeutung für den Alltag hätten. Im Gegenteil: wir Alltagsfahrer können eine ganze Menge von den Profis lernen, selbst wenn es nur wäre, wie wir es im zivilen Verkehr auf keinen Fall anpacken sollen.

Und schließlich, so ist die Welt nun einmal: wenn ein Niki Lauda oder ein Hans Joachim Stuck beim Einparken fremden Lack ankratzen, dann ist das eben eine ganz andere Sache, als wenn wir es tun. Dann will die Öffentlichkeit eben mehr über diesen Kunstfehler wissen.

Also: von Juan Manuel Fangio wird erzählt, daß er eines Tages in den Hügeln der Toscana unterwegs gewesen sei, mit seinem privaten Alfa Romeo, daß er mit ziemlichem Tempo eine Kuppe passiert und plötzlich knapp vor sich die volle Straßenbreite durch zwei Eselkarren versperrt gefunden habe. Zum Bremsen – heißt es weiter – sei es zu spät gewesen. Aber Fangio, in allen autofahrerischen Kunststücken geübt, habe seinen Alfa quergestellt, sei breitseits dahingeschlittert und mit rauchenden Reifen und knapper Not gerade noch rechtzeitig zum Stehen gekommen.

Wenn man mich fragt: ich glaube von dieser Geschichte kein Wort. Erstens habe ich bei Gelegenheit den großen Juan Manuel selbst danach angebohrt – doch er konnte oder wollte sich an eine solche oder ähnliche Situation nicht erinnern. Zweitens aber und vor allem: radierende Reifen bremsen schlechter als rollende. An dieser physikalischen Tatsache läßt sich nicht rütteln. Es ist daher auch nicht einzusehen, warum Fangio dieses gewagte Manöver überhaupt eingeleitet und warum es besseren Erfolg gehabt haben sollte als ein völlig normaler Bremsvorgang.

Hingegen glaube ich ziemlich genau zu wissen, weshalb sich solche Geschichten hartnäckig am Leben erhalten – weil sie einfach den physikalischen Vorstellungen entsprechen, die uns von unseren Sinnen vermittelt werden. Ein quergestelltes Auto, das Quietschen von Reifen, der Rauch verbrannten Gummis – sie suggerieren uns optimale physikalische Wirkung, auch wenn wir in Wahrheit nur einer Sinnestäuschung unterliegen.

Ganz ähnlich ergeht es uns ja zum Beispiel, wenn ein brennendes Holzscheit im Kamin zu Asche zerfällt – auf Grund unserer sinnlichen Wahrnehmung allein würden wir niemals auf die Idee kommen, daß die übrigbleibende Asche mehr wiegen könnte als ursprünglich das Holzscheit; denn das Hinzutreten von Sauerstoff beim Verbrennungsvorgang bleibt uns ja ohne wissenschaftliche Untersuchung verborgen.

Gerade im Bereich des Autofahrens gibt es eine ganze Menge solcher – natürlicher – Irrtümer. Einer davon ist, daß Autos in Kurven um so besser auf der Straße liegen, je schwerer sie sind. Oder ein anderer: daß dickeres Blech beim Zusammenprall mehr Schutz bedeutet. Oder ein dritter: daß etwas weniger Luft im Reifen dessen Haftvermögen erhöht. In allen diesen Fällen stimmt eher das Gegenteil.

Um aber wieder auf Fangio und sein – vermutlich von Enthusiasten erdichtetes – Abenteuer in der Toscana zurückzukommen: auch Weltmeister am Volant können natürlich die physikalischen Gesetze nicht aufheben oder gar umkehren. Solches wird in der Regel nur bei Biertischgesprächen behauptet. Und weil bei solchen Biertischgesprächen die geschilderte Schleuderbremse immer wieder herumspukt und harmlose Autofahrer verunsichert, hat die Stuttgarter Fachzeitschrift »Auto, Motor und Sport« schon vor etlichen Jahren einen diesbezüglichen Versuch gestartet.

Man suchte sich einen weiträumigen, asphaltierten Platz, sperrte ihn gewissenhaft ab, steckte mit Hilfe von Pylonen eine sieben Meter breite Gasse ab und probierte mit einem VW-Porsche 914, der wegen seiner zentralen und tiefen Schwerpunktlage besonders günstige Voraussetzungen fürs Schleudern mitbringt, abwechselnd Schleuderwende und Normalbremsung.

Das Ergebnis war in seiner Eindeutigkeit selbst für Kenner überraschend: bei der normalen Vollbremsung aus einem Tempo von 65km/h heraus kam der VW-Porsche schon nach rund 18 Metern zum Stillstand, der Halteweg per Schleuderwende hingegen war fast doppelt so lang – nämlich ganze 31 Meter. Die Relation änderte sich auch bei höheren Geschwindigkeiten oder anderen als trockenen Fahrbahnzuständen so gut wie überhaupt nicht.

Im anschließenden Kommentar kam übrigens noch ein häufig vergessener Gesichtspunkt zur Sprache: während beim normalen Bremsen bereits mit dem Tritt aufs Pedal das Tempo drastisch verzögert wird, legt ein schleudernder Wagen noch eine gewisse Strecke mit nahezu unverminderter Geschwindigkeit zurück. Denn der Fahrer braucht etwas Zeit, um das kontrollierte Schleudern überhaupt herbeizuführen: er muß (durch leichtes Einlenken nach der einen Seite und anschließend durch kräftiges Lenkradeinschlagen nach der anderen Seite) den Wagen zunächst »instabil« machen, worauf er die Kupplung zu treten und gleichzeitig die Handbremse zu ziehen hat (so sie überhaupt auf die Hinterräder wirkt) – erst dann beginnt sich sein Auto zu drehen. Wo es schließlich mit dem – erwiesenermaßen längeren – Bremsweg landet, bleibt obendrein ungewiß.

Fazit: wenn man für kritische Situationen gewappnet sein will, ist es weitaus lohnender, richtiges Bremsen zu üben, als richtiges Schleudern.

(Nur nebenbei sei vermerkt, daß zwei Jahre nach der Abwicklung dieses Schleudertests im gleichen Verlag noch ein Buch erscheinen konnte, in dem es unbeirrbar heißt: »Durch das Wenden mit Hilfe der Handbremse kann man seinen Wagen vor einem plötzlich auftauchenden Hindernis noch zum Stehen bringen, wenn der normale Bremsweg zu kurz ist.«)

Wir allerdings wissen jetzt, daß optimales Bremsen niemals durch Schleudern erzielt werden kann. Wie man es wirklich richtig bewerkstelligt, ist freilich eine Sache, die Gefühl und Erfahrung erfordert – sonst müßte man sie ja auch nicht üben. Die Schwierigkeit liegt nämlich darin: obgleich es stimmt, daß blockierte Räder schlechter bremsen als rollende, so stimmt es auch, daß die beste Bremswirkung in unmittelbarer Nähe des Blockierens erzielt wird – nämlich ganz knapp davor, wenn sich die Räder gerade noch etwas drehen, gleichzeitig aber schon etwas Schlupf haben.

Gewiß ist es knifflig, den Bremspedaldruck so sensibel zu dosieren, daß man sich möglichst nahe ans Blockieren herantastet, es aber letztlich doch vermeidet. Man könnte daher zu dem vorschnellen Schluß gelangen: riskieren wir's einfach! Treten wir drauf, so fest wir können – dann wird die Bremswirkung schon so schlecht nicht sein, selbst wenn wir einige Meter mit blockierten Rädern dahinrutschen sollten! Denn umgekehrt, nicht wahr, mit zu schwachem Bremsdruck, verschenken wir ja ebenfalls wertvollen Bremsweg – so könnte man sich sagen.

Leider übersieht man dabei einen entscheidenden Faktor. Blockierte Räder haben die fatale Eigenschaft, keine Seitenführungskraft mehr zu besitzen. Es ist das durchaus einzusehen: wenn Reifen einem Zuviel an Kraft in einer Richtung (der Richtung des Rutschens) ausgesetzt sind, so reagieren sie mit totaler Arbeitsunwilligkeit in anderer Richtung (der Richtung des Lenkens). Somit bilden blockierte Räder, die auf trockener und ebener Straße, was die reine Bremswirkung betrifft, so übel nicht wären, in anderer Hinsicht eine eminente Gefahr: weil sie die Lenkeinschläge nicht mehr auf die Straße übertragen können und weil sie das Fahrzeug daher unlenkbar machen.

Auch hier laufen wir wiederum Gefahr, einem physikalischen Fehlschluß aufzusitzen. Neun von zehn Autofahrer pflegen auf die Frage, was ihnen gefährlicher erscheine: blockierte Vorderräder oder blockierte Hinterräder, wie aus der Kanone geschossen zu antworten: blockierte Vorderräder. Denn sie haben im Verlauf ihres Autofahrerdaseins natürlich schon längst erlebt, daß man mit blockierten Vorderrädern leider nicht mehr lenken kann.

Wir wollen dennoch ein kleines Experiment machen, ein Experiment mit einem Spielzeugauto. Wir nehmen dazu irgendein Automodell in Zündholzschachtelformat oder etwas größer, schlingen einen Gummiring um die Vorderachse, so daß deren Räder sich nicht mehr drehen können, und lassen unser präpariertes Miniaturfahrzeug über ein geneigtes Brett abwärts rutschen. Dabei werden wir feststellen, daß sich unser Spielzeugauto zielstrebig und schnurgerade zu Tal bewegt. Seine blockierten Vorderräder scheinen keinerlei Wirkung auszuüben.

Jetzt nehmen wir aber den kleinen Gummiring und blockieren mit ihm zur Abwechslung die Hinterräder. Wenn wir unser Spielzeugauto jetzt abermals bergab gleiten lassen, bewegt es sich nicht mehr schnurgerade dahin, sondern beginnt sich schon nach wenigen Zentimetern zu drehen: die blockierten Hinterräder haben es aus der Bahn geworfen.

Mit anderen Worten: blockierte Vorderräder lenken zwar nicht, halten aber in den meisten Fällen wenigstens die Spur (und das Auto gerät nicht ins Schleudern). Blockierte Hinterräder hingegen brechen seitlich aus – und das Auto ist damit schon im Schleudern begriffen.

Glücklicherweise haben moderne PKWs, damit dieser Fall möglichst selten eintritt, lastabhängige Bremskraftregler eingebaut. Sie reduzieren den Bremsdruck auf die Hinterräder genau in dem Maß, in dem die Hinterachse entlastet wird. Wenn sich also beim scharfen Bremsen der Wagen hinten aus den Federn hebt (während er vorne einknickt), die Hinterräder also nicht mehr so fest gegen die Straße gepreßt werden und aufgrund des verringerten Gewichts, das in diesem Augenblick auf ihnen lastet, zum Blockieren neigen – dann tritt der Bremskraftregler in Aktion und reduziert hinten ein wenig den Bremsdruck, so daß die Räder immer noch rollen können und nicht schon »festgebremst« dahinradieren müssen.

Das gleiche – nämlich eine Reduzierung des Bremsdruckes – erreichen wir natürlich auch (wiewohl für alle vier Räder), wenn wir den Fuß einfach vom Bremspedal heben. Betagte Kraftfahrregeln empfehlen daher, dies überhaupt und systematisch zu tun, das Bremspedal also während des Verzögerungsvorganges immer wieder für Momente loszulassen, kurz: die sogenannte Stotterbremse anzuwenden.

Heute weiß man, daß die Stotterbremse unter normalen Verhältnissen Nonsens ist. Sie liefert längere Anhaltewege als die Panik-Vollbremsung mit blockierten Rädern und kann sich erst recht nicht mit der Wirkung des gefühlvollen, ununterbrochenen Bremsens messen. Bremsen mit Gefühl ist überhaupt der Weisheit letzter Schluß: wenn schon, was nur natürlich ist, der erste Schreck beim plötzlichen Erkennen eines Hindernisses reflexhaft den vollen Tritt des Fahrers aufs Bremspedal auslöst, so sollte die Angst vor einem möglichen Aufprall seinen Fuß wenigstens nicht mit Maximalkraft auf dem Pedal halten. Der gefühlvolle Wechsel zwischen vollem Bremsen und verringertem Pedaldruck läßt sich üben und lernen. Und wer seiner Sache aufgrund dieses Übens sicherer geworden ist, wird auch, so darf man hoffen, in Angstsituationen das Richtige tun.

Überwindung freilich gehört – zumindest anfangs – schon dazu, das Bremspedal zu lüften oder überhaupt wieder freizugeben, wenn man auf winterlich glatter Fahrbahn schlittenähnlich einem Hindernis entgegenrutscht; aber zu dieser Überwindung muß man sich zwingen, wenn man anschließend – mit wiederum rollenden Rädern, behutsamen

Lenkradbewegungen und vielleicht sogar etwas Gas – an eben diesem Hindernis gerade noch vorbeimanövrieren will.

Es hat sich gezeigt, daß für jedermann, der solche Dinge zum erstenmal probiert – etwa auf einem weiträumigen, leeren, leichtverschneiten Parkplatz –, die helfende Ansage eines versierten Beifahrers, der ja im normalen Verkehr eher den Mund zu halten hat, durchaus von Nutzen sein kann: es reicht erstaunlicherweise die Zeit fast immer dafür aus, die notwendigen Manöver auf Zuruf gleichsam sklavisch zu erledigen, ehe man gelernt hat, sie in Eigenregie zuwegezubringen.

Auf nasser oder glatter Straße (auf die wir noch gesondert zu sprechen kommen) kann sogar die Stotterbremse (oder besser: die Intervall-bremse, die ja mit dem sturen Stakkato des Stotterbremsens nichts zu tun hat) empfehlenswert sein. Denn immer dann, wenn die Räder blok-kieren, was sie ja auf nassem oder glattem Untergrund besonders gern tun, hilft man sich tatsächlich am besten, wenn man das Bremspedal kurzfristig losläßt und anschließend den Bremsvorgang neuerlich einlei-tet – allerdings nicht, indem man rhythmisch ins Bremspedal hinein-pumpt. Grundregel: Bremsen und Lenken zugleich sollte man in jedem Fall vermeiden.

Es gibt im übrigen auch Situationen, in denen Bremsen grundsätzlich falsch ist. Bei einem Reifendefekt in Kurven zum Beispiel (wir kommen später noch darauf zu sprechen) sollte man, wenn es die Umstände erlauben, das Fahrzeug lieber ausrollen lassen.

Was überhaupt das Bremsen in Kurven betrifft – wobei immer nur heikle Kurven gemeint sind, denn beim gemütlichen Durchfahren einer sanften Biegung ist Bremsen ohnedies kein Problem –, was also das Bremsen in Kurven betrifft: man sollte es tunlichst vermeiden. Doch werden in der Praxis immer wieder Fälle vorkommen, die als letzten Ausweg auch Bremsen in heiklen Kurvensituationen ratsam erscheinen lassen.

Zum Beispiel ist eine Kurve wesentlich enger, als man ursprünglich angenommen hat, und das Gaswegnehmen allein reicht fürs Durchkommen nicht mehr aus. Oder aber das berühmte unvermutete Hindernis (von dem jetzt schon mehrmals die Rede war) taucht plötzlich inmitten der Biegung auf: dann hilft wiederum nur die Intervallbremse. Wobei man mit der Lenkung insofern mithelfen sollte, als man sie für winzige Momente geradeausstellt und nur in diesen Augenblicken aufs Bremspedal tippt. Wer hingegen in Kurven, für die er zu schnell ist, kontinuierlich auf die Bremse tritt oder mit eingeschlagenen Rädern bremst, landet unter Garantie neben der Straße.

Und weil vorhin von nasser oder glatter Fahrbahn die Rede war: oft hört man, daß wirklich gewiegte Fahrer unter diesen Umständen auf das eigentliche Bremsen tunlichst verzichten und statt dessen die Verzögerungsarbeit weitgehend dem Motor überlassen. Das ist aber nicht bloß falsch, sondern schlechthin das Verkehrteste überhaupt: gerade auf schlüpfriger Fahrbahn (wir werden es später noch sehen) kann die feindosierte Wirkung der Vierradbremsen niemals durch die bremsende Tätigkeit des Motors, die ja immer nur auf die beiden Antriebsräder wirkt, ersetzt werden.

Doch davon einmal abgesehen: das Bier, das nicht getrunken wird – so sagte man einst im preußischen Abgeordnetenhaus –, hat seinen Beruf verfehlt. Und für Bremsen, die geschont werden – obwohl sie ein Verschleißteil sind – gilt das gleiche. Wenn es etwa heißt, daß man vor Kreuzungen lediglich das Gas wegnehmen und anschließend den Wagen ausrollen lassen soll, so mag das unter Umständen noch hingehen. Kein vernünftiger Mensch wird ja mit Vollgas auf eine Kreuzung zurasen und sein Vehikel dann auf den allerletzten Metern brutal abbremsen. Dennoch sind Leute, die solches tun, im Grunde nicht unvernünftiger als jene, die ungeachtet einer ganzen Kolonne, die hinter ihnen herdrängelt, ihr Fahrzeug im Schneckentempo auf eine noch weit entfernte Kreuzung zurollen lassen. Sie nützen dadurch weder ihrem Nerven- noch ihrem Bremssystem, denn erstens kostet es immer Nerven, wenn man andere aufhält, und zweitens sind Bremsen zum Bremsen und nicht zum Sparen da.

Anders liegen die Dinge, wenn man sich fragt, ob Bremsen und Motor bei der Verzögerung eines Fahrzeugs nicht sinnvollerweise zusammen- arbeiten sollten. Jeder Motor besitzt bekanntlich eine Schwungmasse. Diese Schwungmasse hat aufgrund des Trägheitsgesetzes das Bestreben, ihre jeweilige Tourenzahl beizubehalten oder zumindest nicht sprung- haft zu ändern. Wer also die hemmende Kraft dieser Schwungmasse in den normalen Bremsvorgang einschaltet, wird als Resultat – zumindest theoretisch – eine ungewöhnlich stetige und gleichförmige Verzögerung erzielen, denn nichts kann so gleichmäßig bremsen wie die rotierende Masse des Motors.

Die Frage ist dennoch, ob in diesem Fall das Ergebnis den Aufwand lohnt. Denn Motor und Schwungmasse vermögen nur dann mitzubrem- sen, wenn zur jeweiligen Geschwindigkeit auch der jeweils passende Gang eingerückt ist – wer beispielsweise mit 30 km/h dahinrollt und immer noch den vierten drinnen hat, wird vergeblich auf die bremsende Wirkung des Motors warten. Mit anderen Worten: wer den Motor beim Bremsen mithelfen lassen will, muß fleißig hinunterschalten.

Für Rennfahrer, die an Wettbewerben teilnehmen, ist das eine Selbst- verständlichkeit. Denn erstens wollen sie ihre Bremsen, die vielleicht noch viele Runden aushalten müssen, nicht vorschnell verheizen – also kommt ihnen die Bremshilfe des Motors sehr gelegen. Und zweitens müssen sie ohnedies in jedem Augenblick des Rennens genau den richti- gen Gang geschaltet haben, vor allem in den langsameren Phasen – denn sonst könnten sie ja nicht schon einen Herzschlag später wieder optimal beschleunigen.

Für Normalfahrer sieht die Sache etwas anders aus. Die Schonung der Bremsen braucht ihm kaum am Herzen zu liegen, denn die heutigen Serienautos, selbst die billigsten und bescheidensten, sind in diesem Punkt gottlob nicht mehr in Verlegenheit zu bringen. Sie haben Brem- sen, deren Ausdauer bei normaler Fahrweise nicht zu erschüttern ist. Zwar gilt der physikalische Grundsatz noch immer, daß Energie prinzi- piell nicht vernichtet, sondern lediglich umgesetzt werden kann, daß also verzögerte Geschwindigkeit durch Reibung in den Bremsen stets zu

Wärme wird und jegliches Bremsen überhaupt nur dann funktioniert, wenn diese Wärme unbehindert abfließen kann (sie wird in der Hauptsache vom Fahrtwind aufgenommen) – aber für die heutigen Bremsen ist dieses Problem eben nur noch Spielerei, es kommt praktisch nicht mehr vor, daß man nach mehrmaligem harten Draufsteigen plötzlich ins Leere tritt, und es kommt um so weniger vor, je stärker die Scheibenbremse (deren Entwicklung übrigens allein dem Rennsport zu verdanken ist) an Verbreitung gewinnt. Scheibenbremsen leiten Hitze ja besonders gut ab.

Vielleicht ist hier der Hinweis angebracht, daß die Entwicklung zweifellos an einem Wendepunkt angelangt ist. Mehr und mehr gehen die Automobilfabriken – auch wenn sie es heftig dementieren – dazu über, die Leistungen (auch die Bremsleistungen) ihrer Produkte dem Tempolimit statt dem technischen Fortschritt anzupassen und statt nach fahrdynamisch optimalen lieber nach umweltfreundlichen Lösungen zu suchen. Man mag das begrüßen oder bedauern. Zur Zeit aber sind die Bremsen unserer Personenautos jedenfalls noch derart hoch entwickelt, daß sie der Unterstützung von seiten der Motorträgheit nicht bedürfen. Die Kooperation zwischen Motor und Bremse können wir daher getrost den Rennfahrern überlassen.

Hingegen ist es auch für Normalfahrer sehr empfehlenswert, in jedem Augenblick des Fahrens (und daher auch in jedem Augenblick des Bremsens) vorsorglich den richtigen Gang geschaltet zu haben. Schon bei minimalsten Geschwindigkeiten, also etwa beim Umfahren und Zurücksetzen, machen bekanntlich jene Autolenker die unglücklichste Figur, die erst umständlich im Getriebe herumstochern müssen, bis sie die gesuchte Fortsetzung finden, und sehr viel unangenehmer kann es bei höherem Tempo sein, den nötigen Gang nicht sofort parat zu haben. Denn gedankenschnell wechseln die Situationen, es mag mitten aus dem Bremsen heraus plötzlich ein kurzer Beschleunigungsstoß nötig sein, und wer sich unter dem Druck einer überraschenden Verkehrssituation erst noch mit dem Schalten aufhalten muß, kann unversehens zu Schaden kommen – zum Beispiel sitzt ihm dann der Nachkommende, der im Rückspiegel immer größer geworden ist, mit Geklirr und Krachen im Kofferraum.

Wollen wir also festhalten: wer bremst und zwar ordentlich bremst, nicht etwa nur das Bremspedal antippt, der schaltet richtigerweise zur gleichen Zeit auch vorsorglich hinunter.

Jetzt treten aber die Sportfahrer auf den Plan und stellen eine weitere Forderung auf: wenn du bremst – sagen sie – und wenn du dabei hinunterschaltest, dann mußt du es unbedingt mit Zwischengas tun!

Was Zwischengas ist, wissen die meisten Autofahrer heute schon nicht mehr. Und sie brauchen deshalb auch wahrlich keine Träne zu vergießen. Zwischengas war nämlich ein fahrtechnisches Hilfsmittel jener Zeit, da es noch keine synchronisierten Getriebe gab – die Herrenfahrer von Anno dazumal konnten niemals ohne Zwischengas in den niedrigeren Gang schalten. Das war ihr Pech, und das sollte man auch aussprechen, statt immer so zu tun, als sei in der sogenannten guten alten Zeit wirklich alles besser gewesen als heute.

Warum man Anno dazumal nicht ohne Zwischengas hinunterschalten konnte, ist leicht zu begreifen, wenn man sich vor Augen hält, was im Getriebe beim Hinunterschalten passiert. Wenn wir hinunterschalten, beispielsweise vom vierten in den dritten Gang, wollen wir ja erreichen, daß sich die Antriebsräder unseres Autos im Vergleich zum Motor langsamer als bisher drehen, oder umgekehrt: daß sich der Motor schneller drehen und mehr Kraft dafür aufwenden kann, den Antriebsrädern ihr bisheriges Tempo zu garantieren.

Beim Fahrrad würden wir zu diesem Zweck – um bei gleichbleibender Abrollgeschwindigkeit des Hinterrades schneller in die Pedale zu treten oder aber bei gleich vielen Pedaltritten langsamer zu fahren – die Kette auf ein Zahnrad mit höherer Zahnanzahl schalten. Wenn das große Zahnrad vorne bei den Pedalen, sagen wir, dreißig Zähne hat und das kleine am Hinterrad zehn, so dreht sich das kleine dreimal herum, wenn das große eine einzige volle Umdrehung ausführt. Haben wir aber am Hinterrad fünfzehn Zähne, also fünf Zähne mehr als zuvor, so braucht sich dieses Hinterrad während einer vollen Pedalumdrehung von dreißig Zähnen nur zweimal um sich selbst zu drehen. Im ersten Fall läuft es dreimal so schnell wie das Antriebsrad, im zweiten Fall hingegen nur doppelt so schnell.

Genau das gleiche geschieht im Prinzip auch beim Hinunterschalten im Auto: wir bringen hinten ein größeres Zahnrad ins Spiel, das sich dann um so langsamer dreht. Und ohne daß wir uns Kopfzerbrechen über die diversen Antriebs-, Haupt- und Vorlegewellen im Automobil machen, wird uns klar: wenn das Ganze ohne »Zähneknirschen« vor sich gehen soll, dann müssen wir – ebenso wie wir auf dem Fahrrad plötzlich schneller in die Pedale treten – die Räder auf der Antriebsseite des

Getriebes in schnellere Umdrehung versetzen. Konkret gesprochen: wir müssen die Vorlegewelle beschleunigen.

Das taten die alten Herrenfahrer, indem sie Zwischengas gaben. Sie nahmen zunächst Gas weg, kuppelten aus und schalteten in den Leerlauf. Jetzt kuppelten sie wieder ein (wodurch sie den Motor mit dem Getriebe verbanden), gaben einen kurzen Gasstoß (der die Vorlegewelle beschleunigte, aber aufgrund der Leerlaufstellung des Getriebes nicht bis auf die Hinterräder durchkam), kuppelten wieder aus und schalteten jetzt erst den niedrigeren Gang. Sie warfen also erst jetzt das größere Zahnrad an die Front, für dessen zusätzliche Zähne das Pedalrad (pardon: die Vorlegewelle) bereits schnell genug lief, denn der Zwischengasstoß hatte ja mittlerweile für die nötige Beschleunigung gesorgt. War das ganze Manöver richtig abgestimmt, dann griffen die Zähne ohne zu krachen ineinander.

Alle diese Probleme nimmt uns jetzt die Synchronisation ab, jene sinnreiche Einrichtung, die dafür sorgt, daß der gewünschte Zahnrad-Ineinandergriff erst in jenem Augenblick erfolgen kann, da sich die beiden Zahnräder »synchron«, also mit gleicher Umfangsgeschwindigkeit bewegen.

Wie das im Detail bewerkstelligt wird (in Wahrheit bleiben die Zahnräder ständig im Eingriff und die nötige Drehzahlangleichung wird durch Reibelemente zwischen Zahnrad und Welle hervorgerufen), braucht uns hier wirklich nicht zu interessieren. Für uns reicht die Feststellung: zur Synchronisation haben wir die Synchronisierung, nicht das Zwischengas.

Zu diesem Thema hat es in den letzten Jahren allerdings einige Kontroversen gegeben. Die Befürworter des Zwischengases haben nämlich gesagt: Zwischengas ist trotzdem gut, denn es schont die Synchronelemente (was unsinnig ist, denn Synchronelemente sind dazu da, um zu synchronisieren, nicht um geschont zu werden). Und die Gegner des Zwischengases, meist Techniker der Autofirmen, haben gesagt: Zwischengas ist schlecht, denn man trifft die Dosierung nicht immer genau, und dann schadet man den Synchronelementen (was ebenso unsinnig ist, denn wenn Synchronelemente dazu da sind, Drehzahlunterschiede auszugleichen, dann können sie auch solche Drehzahlunterschiede ausgleichen, die durch schlechtes Zwischengasgeben entstanden sind; und wer's richtig trifft, merkt sofort, daß sich die Gänge dann eben noch etwas leichter schalten lassen als mit Hilfe der Synchronisierung allein).

Der springende Punkt ist nur: warum sollten wir uns mit einem zusätzlichen Manöver belasten, wenn eine technische Einrichtung es für uns erledigt?

Ja aber, sagen jetzt die Zwischengasfanatiker, wir geben Zwischengas eigentlich gar nicht der Synchronisierung wegen, wir tun es aus einem anderen Grund (und sie zwingen uns damit abermals zu einem kleinen technischen Ausflug). Sie sagen also: daß im Getriebe zwei Zahnräder von ursprünglich verschiedener Umdrehungszahl dank der Synchronisierung ohne Kratzen und Beißen miteinander verheiratet werden – gut und schön. Aber anschließend dreht sich ja das gesamte Getriebe schneller, weil Hinterräder, Achsen und überhaupt die ganze Trägheit des fahrenden Automobils die Getrieberäder über die Synchronisation dazu gezwungen haben. Der Motor hingegen – sagen sie – ist während des Schaltvorgangs nicht nur nicht schneller geworden, sondern im Gegenteil auf Standgasdrehzahl von etwa 500 Umdrehungen pro Minute gefallen, und wenn wir jetzt einkuppeln, dann gibt es unweigerlich einen Ruck. Denn ein mit Standgas laufender Motor läßt sich nicht, ohne Widerstand zu leisten, auf andere Tourenzahlen bringen. Es gibt also einen Ruck – und gerade diesen Ruck wollen wir beim richtigen Autofahren ja vermeiden.

Das stimmt. Nicht aber stimmt, daß zur Vermeidung dieses Rucks Zwischengas notwendig ist. Man braucht nur anschließend an das normale Hinunterschalten schon vor (und nicht nach) dem Wiedereinkuppeln etwas Gas zu geben – dann dreht sich der Motor gleich wieder rascher und wird nicht erst durch das Zusammentreffen der Kupplungsscheiben auf höhere Touren gerissen.

Obwohl sich dieses »Vorgasgeben« relativ kompliziert anhören mag: routinierte Autofahrer geben Vorgas ganz automatisch. Sie wissen längst, daß beim Wiedereinkuppeln nach dem raschen Hinunterschalten das ganze Fahrzeug durchgebeutelt werden kann, wenn man den Motor nicht schon unmittelbar vorher ein bißchen auf Drehzahl bringt. Sie lassen also nach dem Schalten die Kupplung kommen und beginnen bereits etwas vorher mit dem stetigen Gasgeben – dann wird der Kraftanschluß ohne lästigen Ruck hergestellt.

Das optimale Bremsen mit gleichzeitigem Hinunterschalten sieht also so aus: Gas wegnehmen – Fuß mit dosiertem Druck auf die Bremse – auskuppeln – während des kräftigen Weiterbremsens hinunterschalten (wenn nötig, vom vierten Gang auch direkt in den zweiten oder unbedenklich sogar in den ersten) – Bremse loslassen – Vorgas geben – einkuppeln.

Das Überspringen von Gängen beim Hinunterschalten ist heute durchaus legitim, die Synchronkörper verkraften auch diese etwas schroffere Art des Gangwechsels durchaus, sofern man den Ganghebel nicht brutal durchreißt, sondern jene winzige Zeitspanne am Schalthebel »erfühlt«, die zur Herstellung des Synchronzustandes verstreichen muß. Der Verzicht auf das Hinunterschalten in Raten – also auf das Durchlaufen aller Gänge – ist heute selbst Grand-Prix-Fahrern geläufig, die doch allen Grund hätten, dieses Manöver, das ja in jeder Runde wiederkehrt, zu vermeiden, würde es ihren Rennautos schaden.

Allerdings schalten Grand-Prix-Fahrer dabei mit wohldosiertem Zwischengas zurück – aber das müssen sie ohnedies und in allen Fällen tun, denn ihre Getriebe sind nicht synchronisiert.

Ausschließlich für den also, der sich in dieser Hinsicht einer gewissen Fleißaufgabe unterziehen will (die allenfalls dann sinnvoll sein kann, wenn sie mit ausgefeilter Perfektion durchgeführt wird), sei hier auch das Hinunterschalten mit Zwischengas und gleichzeitigem Bremsen geschildert – wiewohl dabei noch etwas Neues auftaucht: das Gasgeben mit der Ferse.

Denn es ist ja klar: das Bremspedal dürfen wir auch während des Hinunterschaltens und Zwischengasgebens keinesfalls auslassen, wollen wir kontinuierlich und nicht in Etappen bremsen. Was also tun, wenn man bei getretener Fußbremse mit demselben Fuß auch noch Zwischengas geben soll?

Die Antwort lautet: der rechte Fuß muß beides gleichzeitig bewältigen. Wir setzen zu diesem Zweck Fußspitze und Ballen auf das Bremspedal, drehen aber den Hinterfuß derart nach rechts, daß Ferse und Absatz über das Gaspedal zu liegen kommen.

Wenn man diese Fußstellung ein wenig übt (natürlich zunächst nicht im Straßenverkehr), wird sich bald das richtige Gefühl dafür einstellen. Man wird beispielsweise ohne weiteres imstande sein, die Bremse relativ stark niederzudrücken, gleichzeitig aber mit der Ferse nur ein Quentchen Zwischengas zu geben – oder umgekehrt. Anschließend wird der Fuß wieder in normale Stellung gebracht.

Der gesamte Bedienungsvorgang sieht nun folgendermaßen aus: man beginnt wieder mit der Fußbremse. Ist der Wagen langsamer geworden: auskuppeln – Ganghebel auf Leerlauf – einkuppeln – Gas geben mit der

Ferse – auskuppeln – hinunterschalten – wieder einkuppeln – und fertig. Während des ganzen Schaltmanövers hat unsere rechte Fußspitze keinen Augenblick das Bremspedal freigegeben, wir haben ununterbrochen gleichförmig gebremst.

»Spitze–Hacke« sagt man auch zu dieser Technik, wobei mit Spitze natürlich die Fußspitze, mit Hacke die Ferse gemeint ist. Das Ganze liest sich übrigens wesentlich komplizierter, als es in Wirklichkeit abläuft. Man lernt in der Praxis das Koordinieren der einzelnen Fuß- und Handbewegungen recht schnell.

Jedoch: es täuscht uns in vielen Fällen die Synchronisierung darüber hinweg, daß wir zu viel oder zu wenig Zwischengas gegeben haben. Der Gang geht ja auf alle Fälle problemlos hinein, auch wenn wir gepatzt haben sollten. Aber nur, wenn überhaupt kein Synchronisierungswiderstand am Schalthebel zu spüren ist, war die Zwischengasdosierung wirklich richtig – und nur dann kann von Schonung der Synchronkörper gesprochen werden.

Daneben lauern noch einige andere Fallstricke. Jedesmal beim Wiedereinkuppeln besteht die Gefahr, daß der Motor kurzzeitig überdreht wird – denn zumindest Anfänger in dieser Technik vermögen kaum richtig abzuschätzen, bei welcher Bremsphase dem Motor schon der nächstniedrige Gang zugemutet werden kann. Dann schnellt mitunter (so man einen eingebaut hat) der Drehzahlmesser für Sekundenbruchteile in den verbotenen Bereich. Der Motor nimmt es hin – aber eines Tages kann er dafür die Rechnung präsentieren.

Viele, darunter auch sehr moderne und angeblich sportliche Automodelle weisen überdies eine Pedalanordnung auf, die das Gasgeben mit der Ferse sehr erschwert oder überhaupt unmöglich macht. Das ist zum Beispiel dann der Fall, wenn das Gaspedal wesentlich tiefer liegt als das Bremspedal oder wenn es – was mitunter ebenfalls vorkommt – nur briefmarkenklein ist. Dennoch findet man immer wieder vom pseudosportlichen Bazillus befallene Fahrer, die auch unter solchen Umständen, und sei es dank abenteuerlichster Beinverrenkungen, mit der Ferse Zwischengas geben. Das ist natürlich ebenso unvernünftig wie gefährlich.

Man sieht also: wer die Energieumwandlungsmaschinerie (als die man das Bremssystem eines Autos sowie dessen Getriebe beim Hinunterschalten zweifellos auffassen kann) nicht so hinnimmt, wie sie ist, sondern sie gewissermaßen auf Grund eines ausgeklügelten Tilgungsplanes auf Raten füttern will, kann dafür unter Umständen empfindliche Zinsen aufgerechnet bekommen. Das ist offenbar nicht nur bei Geldgeschäften so.

Wer sich allerdings zum meisterlichen Makler – pardon: zum meisterlichen Fahrer – geboren fühlt und – was wesentlich seltener vorkommt – auch die nötige Konsequenz aufbringt, bis zum Erreichen der Perfektion kritisch und unverdrossen an sich zu arbeiten, der kann in der Fahrtechnik wohl auch heute noch besondere Wege gehen.

Es wird ihn niemand daran hindern bei seinem Streben nach der Hohen Schule des Fahrens.

Fünf Minuten vor zwölf

Oder wie man am geschicktesten mit dem Lenkrad umgeht

»Dreht man das Lenkrad nach links, geht der Wagen nach links, dreht man es nach rechts, geht er nach rechts – was braucht man da also noch zu lernen?« Diese Worte entnehmen wir aus dem »Handbuch des Automobils«, das bei Richard Carl Schmidt & Co, Berlin, »mit farbigem Modell, 265 Illustrationen im Text und 78 Vignetten« im Jahre 1908 erschienen ist. Und obwohl die Frage natürlich nur rhetorisch gemeint war – über das Lenken steht tatsächlich nicht ein Wörtchen in diesem 265 Seiten starken Buch, das »dem hohen Förderer des Automobilismus«, Prinz Heinrich von Preußen, gewidmet und im übrigen sogar heute noch lesenswert ist.

Ich habe dafür auch eine Erklärung: in den Jugendtagen des Automobils war es vor allem die neuartige Kraftquelle, die das Publikum faszinierte. Ein Wagen ohne Pferde, ohne Kohle, ohne Dampf, das war die eigentliche Sensation. Lenken hingegen tat man schon seit langem, hinter den Pferden auf den Kutschböcken, später dann auf den Fahrrädern, auf den schmucken dreirädrigen dampfbetriebenen Voituretten, und sogar die Handwägelchen wurden natürlich seit eh und je gelenkt. Bezeichnenderweise hießen die ersten Autofahrer ja auch durchwegs »Maschinisten«, nicht etwa Lenker, so wie heute.

Heute ist es hingegen die individuelle Lenkbarkeit, die uns am Auto wichtiger als alles andere, ja geradezu unersetzlich erscheint. Zu dem Freiheitszauber, der das Auto umgibt, gehören vor allem die Phantasie bei der Routenwahl, die Ungebundenheit des Weges, das individuelle Ansteuern eines Ziels, aber auch die Möglichkeit des Verirrens, die Lust, Umwege zu machen und Abkürzungen zu finden, das Vergnügen am Ausweichen, Abbiegen, Wenden, Überholen, am spontanen Irgendwohin-Bugsieren und millimeterknappen Einfädeln, kurz: am weitgehend unzensurierten Lenkrad. Die benzinbetriebene Antriebsquelle hingegen fasziniert uns längst nicht mehr so wie frühere Generationen, ja im Gegenteil: manche unserer Zeitgenossen wünschen sie bereits zum Teufel.

Erstaunlich daher, daß man nicht nur all die Jahrzehnte hindurch, sondern gewissermaßen bis zum heutigen Tag dem Lenken so wenig Aufmerksamkeit geschenkt hat, wohlgemerkt: nicht dem Finden der richtigen Linie, das wird immer wieder gelehrt, sondern der reinen Technik des Lenkens, der gepflegten Handhabung des Volants, der durchdachten Griffmethodik am Lenkrad. In keiner Fibel, keinem Handbuch, keinem Lehrbehelf, keiner Autofahrerpostille steht darüber Akzeptables zu lesen oder, um es präziser auszudrücken: es wird allenfalls nur verraten, wie man die Hände in der Grundstellung ans Lenkrad zu legen hat.

Gerade das aber ist so weltbewegend nicht – ob die Hände (wenn man ihre Position am Lenkradkranz mit der Zeigerstellung einer Uhr vergleicht) bei zehn vor zwei, fünfzehn vor drei oder aber, falls man schon etwas müder geworden ist, bei zwanzig Minuten vor vier am Lenkrad liegen, spielt bei normaler Geradeausfahrt keine entscheidende Rolle, zumal es ja auch sehr darauf ankommt, wo sich Lenkradspeichen zum Aufstützen der Daumen anbieten, und zwar nicht nur aus Gründen des Komforts, sondern auch aus Gründen der Orientierung, wie wir bald sehen werden.

Nur bei fünf Minuten vor zwölf – oder einer ähnlich knappen Uhrzeigerstellung – sollten die Hände niemals ans Volant greifen, weil sie in diesem Falle viel zu eng beisammen liegen würden, um das Lenkrad wirklich zu beherrschen. Man sieht solche Stellungen leider immer wieder, und zwar nicht nur bei Anfängern, sondern bedauerlicherweise auch bei ziemlich routinierten (aber ungeschulten) Fahrern. Sobald sie dann das Lenkrad (gleichsam mit vereinten Händen) einschlagen, neigt sich entweder ihr Oberkörper mit zur Seite, oder er weicht nach der anderen Richtung hin aus – und in beiden Fällen ist die Chance dahin, in Überraschungsmomenten noch ein genau abgezirkeltes souveränes – nämlich von der Fliehkraft nicht beeinträchtigtes – Lenkmanöver durchzuführen.

Wiederholen wir: jede Lenkradhaltung ist akzeptabel, die auf der Uhr zwischen zehn Minuten vor zwei und zwanzig Minuten vor vier liegt – sofern wir uns nur beim Anfassen an einigermaßen symmetrisch liegende Griffpunkte für die rechte und linke Hand halten und diese Griffpunkte dann auch in weiterer Folge nicht so rasch wieder aufgeben. Denn nur auf diese Weise sind wir, gewissermaßen auch körperlich, darüber informiert, wie unsere Vorderräder stehen.

Nehmen wir ein Beispiel, das in Unfallberichten immer wiederkehrt: ein

Kind springt plötzlich auf die Straße oder ein Radfahrer biegt unvermutet ab – worauf ein überraschter Autolenker seinen Wagen verreißt und nach 50 Meter langer Zickzackfahrt an einem Baum landet.

Die Ursache ist klar. Er verreißt nach links – das Heck rutscht nach rechts weg. Er schlägt korrigierend nach rechts ein, hat aber schon bei dieser ersten Korrektur eigentlich keine Ahnung mehr, wie seine Vorderräder stehen. Jetzt kurbelt er am Lenkrad, und da er Angst hat, kurbelt er zu wild. Er kurbelt links, kurbelt rechts, die Fehler schaukeln sich auf – und schon ist es passiert.

Im Unfallsbericht steht womöglich dann als Ursache: überhöhte Geschwindigkeit.

Mit gleicher Berechtigung könnte auch dort stehen: verunglückt aus Informationsmangel. Weil das Lenkrad dem Fahrer die Stellung der Vorderräder nicht signalisiert hat.

Freilich haben Kreise das so an sich: sie verfügen über keinerlei Ecken, weisen weder ein Oben noch ein Unten auf, ja, sie sind überhaupt nicht leicht zu fassen (was bekanntlich schon Archimedes für sehr bedauerlich hielt). Auch Lenkräder haben – von wenigen Auswüchsen abgesehen – bislang keine Ecken, kein Oben und kein Unten, sie gleiten einem trügerisch leicht durch die Hände und liefern nur spärliche Anhaltspunkte dafür, wohin die Reise im Augenblick gerade geht.

Deshalb ist die gleichbleibend symmetrische Grundhaltung der Fahrerhände am Lenkrad so wichtig: sie ist Ausgangsposition jedes weiteren Lenkmanövers, unterteilt den bislang indifferenten Kreis in kalkulierbare Zonen und liefert anhand der markanten Griffpunkte auch stets eine körperliche Direktinformation über die Stellung der Vorderräder.

Selbstverständlich muß das Lenkrad dazu richtig und gerade eingestellt sein. Im Winkel verdrehte Lenkräder bei geradeaus gestellten Rädern sind nicht nur eine Schlamperei, sondern eine echte Gefahr. Und Lenkräder mit rudimentärer oder gar keiner Speiche (auch wenn sie als noch so modern hingestellt werden) sind nichts anderes als ein fahrtechnischer Mangel.

Soviel also über die Grundhaltung am Lenkrad. Was nun die eigentliche Grifftechnik betrifft, die im folgenden beschrieben werden soll, so verdanken wir sie im wesentlichen dem italienischen Automobilweltmeister Dr. Nino Farina, der sie in den fünfziger Jahren (also relativ spät, fast könnte man sagen: fünf Minuten vor Zwölf) unters Volk – fürs erste natürlich unters rennfahrende Volk – gebracht hat. Oder besser: er hat diese Grifftechnik kreiert, ohne sie zu analysieren, zu perfektionieren oder zu propagieren, denn Giuseppe »Nino« Farina, der gelernte Jurist, war auf dem Rennparcours eher ein rauher und unfreundlicher Knochen, dem nichts weniger am Herzen lag, als seine Mitstreiter oder Gegner vom Wert oder Unwert einer neuen These oder Lenkmethode zu überzeugen.

Im deutschen Sprachraum hat diese Lenkmethode der schon einleitend erwähnte österreichische Rennfahrer Ernst Vogel, seines Zeichens Industriepumpen-Fabrikant aus Stockerau, zusammen mit dem deutschen Sportwagenmeister Richard von Frankenberg entwickelt, zurechtgefeilt und in abgerundete Formen gegossen – wobei es, wie gesagt, rätselhaft bleibt, weshalb diese Technik nach wie vor nur von relativ wenigen Eingeweihten geschätzt und angewendet wird, anstatt längst zum Grundprogramm jeder Fahrschule zwischen Hamburg und Wien zu zählen.

Wie dem auch sei: ehe wir auf das – zugegeben – etwas trockene Thema der reinen Grifftechnik am Lenkrad eingehen, wollen wir uns noch einige Gedanken über das Wesen der sogenannten Lenkübersetzung machen. Der Grad der jeweiligen Lenkübersetzung ist bekanntlich schuld daran, daß wir bei einer Autotype weniger und bei einer anderen mehr Lenkradumdrehungen brauchen, um die Vorderräder vom äußersten linken Ausschlag bis zum äußersten rechten Ausschlag zu schwenken. Man spricht im ersten Fall von einer direkten, im zweiten Fall von einer indirekten Lenkung, wobei 2,5 bis 4 Lenkradumdrehungen von Anschlag zu Anschlag üblich sind. Die praktische Auswirkung: Um ein- und dieselbe Kurve zu nehmen, muß der Fahrer im ersten Fall eine kleinere, im zweiten Fall eine größere Drehung am Lenkrad ausführen.

In diesem Zusammenhang hört man mitunter den Einwand, genormte Grifftechnik sei überhaupt nur dann am Platz, wenn man über ein Auto mit direkter Lenkung verfügt. Das stimmt keineswegs. Die Griffe am Lenkrad werden nämlich in drei Gruppen eingeteilt:

1. Gruppe: Lenken, ohne die Grundhaltung zu verlassen. Anwendung in gestreckten, schnellen Kurven, also im allgemeinen bei mittleren oder hohen Geschwindigkeiten.

2. Gruppe: Mit einer Hand (der kurvenäußeren Hand) vorgreifen, um den anschließenden Lenkeinschlag zu vergrößern. Anwendung in engen Kurven, also bei niedrigen oder mittleren Geschwindigkeiten.

3. Gruppe: Mit einer Hand vorgreifen und so weit wie möglich einschlagen, anschließend mit der anderen übergreifen und nachziehen. Anwendung in engsten Kurven, also nur bei niedrigen Geschwindigkeiten.

Auch Autos mit indirekter Lenkung lassen sich mit Hilfe der Griffe aus den ersten beiden Gruppen in allen Kurven, die üblicherweise mit mittlerem oder hohem Tempo durchfahren werden, voll beherrschen. Es hätte ja auch keinen Zweck, etwa bei einer Geschwindigkeit von 70 oder 100 km/h die Vorderräder plötzlich voll einzuschlagen – der Wagen würde ohnedies nur geradeaus weiterrutschen (oder Schlimmeres anstellen). Bei solchen Kurven und bei solchem Tempo kommt es nur auf relativ kleine, dafür aber um so exaktere Lenkradausschläge an, ja man kann sagen: je höher die Fahrgeschwindigkeit, desto exakter muß das Lenken und desto kürzer müssen die Reaktionszeiten sein. Deshalb ist auch für Leute, die Autos mit indirekter Lenkung besitzen, die Grifftechnik nach Gruppe 1 und 2 zumindest auf Fernfahrten absolut unerläßlich. In der Stadt freilich müssen solche Autos dann nach der dritten Lenkgruppe dirigiert werden, wohingegen Autos mit direkter Lenkung auch im Stadtverkehr ohne die dritte Gruppe – also ohne Kurbelei – auskommen und damit einen gewissen Vorteil für sich buchen.

Dank der Griffe aus den ersten beiden Gruppen geht dem Fahrer die Orientierung über die jeweilige Stellung seiner Vorderräder niemals verloren. Erst bei der dritten Gruppe wird sozusagen am Lenkrad »gekurbelt«, wodurch der unmittelbare Zusammenhang zwischen den Griffpositionen am Lenkrad und der Stellung der Vorderräder leider dahinschwindet.

Eines ist aber wichtig: daß sich der Fahrer schon vor der Kurve entscheidet, welche Griffe er anzuwenden gedenkt. Dieser anfängliche Zwang zur Aufmerksamkeit und Konzentration ist ganz bestimmt kein Nachteil. Schließlich soll man ja eine Kurve nicht gedankenlos anfahren, um dann durch die eigene Unaufmerksamkeit überrascht zu werden. Nach einiger Übung gehen die richtigen Griffe ohnedies langsam ins Unterbewußtsein über.

Nehmen wir uns nun die Grifftechnik aus der ersten Gruppe gesondert vor: Lenken, ohne die Grundhaltung der Hände am Lenkradkranz aufzugeben. Sie befinden sich, sagen wir, in der Position fünfzehn Minuten vor drei. Jetzt kommt eine gestreckte Linkskurve auf uns zu. Wir behalten das Lenkrad ruhig so im Griff wie bisher und drehen es einfach ein wenig nach links – etwa auf die Position fünfundzwanzig Minuten vor eins. Wenn wir noch ein Stückchen weiter nach links drehen, zeigen unsere Hände punkt sechs Uhr an. Und abermals ein Stückchen weiter: fünf Minuten vor fünf. Alle diese Positionen sind im Rahmen der ersten Griffgruppe durchaus alltäglich – Sportfahrer würden die Hände sogar noch viel weiter drehen, nämlich bis zum Überkreuzen, und dabei Positionen wie etwa zehn vor vier oder auch wiederum fünfzehn vor drei erreichen, wobei jetzt allerdings die linke Hand bei drei Uhr gelandet ist, während die Rechte bei neun hält.

Solche extremen Verdrehungen brauchen freilich nicht das Ziel des Alltagsfahrers zu sein. Für uns ist lediglich wichtig, daß wir aufgrund dieser Lenktechnik den physiologischen Kontakt mit der Fahrbahn nicht verlieren und daß sich auf diese Weise auch jede Schleuderbewegung des Autos blitzartig und korrekt abfangen läßt.

Gehen wir zu den Griffen aus der zweiten Gruppe über: wir wollen durch Vorgreifen mit einer Hand den kommenden Lenkeinschlag vergrößern. Da es sich in solchen Fällen durchwegs um scharfe Kurven handelt, kommt diese Grifftechnik bei hohen Geschwindigkeiten nicht vor. Dessenungeachtet bietet sie dank ihrer Exaktheit einen wesentlichen Vorteil im Dienste des sicheren Fahrens.

Unsere Hände zeigen also wieder auf fünfzehn Minuten vor drei, und es ist diesmal eine enge Rechtskurve, die auf uns zukommt. Der vorbereitende Griff obliegt der linken Hand: sie fällt von der Neun auf die Sechs hinunter. Ausgangsposition unmittelbar vor der Kurve also: halb drei. Wir können uns gleich merken, daß es stets die kurvenäußere Hand ist, die diesen vorbereitenden Griff vollführt, die also etwa um eine Viertelstunde vorgreift und die anschließend dann auch den überwiegenden Teil der Kraft für die nötige Lenkarbeit aufzubringen hat.

Die linke Hand drückt also zunächst nach oben und zieht dann weiter nach rechts: gegenüber der Lenktechnik laut Gruppe 1 ist also jener Einschlag gewonnen, der dem vorgegriffenen Stück entspricht.

Die rechte Hand folgt zunächst dieser Lenkbewegung, soweit dies bequem möglich ist. Das heißt: sie umklammert das Volant nicht mehr, sondern liegt in ihrer Endstellung vollkommen entspannt am Lenkradkranz, also ungefähr bei der Sieben oder Acht, während die führende linke Hand den Scheitelpunkt bei der Zwölf längst überschritten hat und sich etwa bereits der Drei nähert. Für die rechte, entspannte Hand ist dabei besonders wichtig, daß ihr Daumen am Lenkradkranz eingehängt bleibt. Ihre Handfläche kann nach oben zeigen.

Beim Zurücklenken auf die Gerade übernimmt dann diese rechte Hand, die in der Kurve selbst unbelastet war, eine Kontrollfunktion; sie hält und führt das Lenkrad in jenem Augenblick, den die linke Hand benötigt, um wieder in ihre ursprüngliche Position (vor dem Vorgreifen) zurückzukehren.

Das sieht im Detail so aus: im Scheitelpunkt der Kurve befindet sich die führende linke Hand, das Lenkrad fest umklammernd, etwa bei der Drei; die rechte Hand liegt entspannt, aber mit eingehaktem Daumen, etwa bei der Sieben. Während jetzt die linke Hand beginnt, das Lenkrad wieder zurückzudrehen, läßt die rechte Hand gegebenenfalls zunächst noch ein paar Zentimeter Lenkradkranz vorbeigleiten – sie faßt jedenfalls erst dort wieder zu, wo sie in der ersten Hälfte der Kurve aufgehört hat, der Lenkbewegung des Rades zu folgen, wo sie also ihren ursprünglichen Griffpunkt aufgegeben hat. Genau dort zuzufassen, wo der ursprüngliche Griffpunkt war, ist natürlich dann ganz besonders leicht, wenn der eingehakte Daumen an dieser Stelle auf eine zurückkehrende Lenkradspeiche stößt und sich von dieser mitnehmen lassen kann. Mit anderen Worten: wenn sich die rechte Hand schon in ihrer Grundstellung mit dem Daumen auf diese Speiche gestützt hat (woraus zugleich hervorgeht, daß die konservative Speichenanordnung ein fahrtechnisches Hilfsmittel ist).

Die linke Hand führt also das Lenkrad zurück, übergibt aber im letzten Drittel der rückläufigen Lenkbewegung diese Führungsaufgabe an die Rechte (die ja mittlerweile wieder zugefaßt hat). Die Linke braucht daher nicht mehr bis dorthin zurückzukehren, wo sie beim Vorgreifen Posto gefaßt hat – sie verläßt unter Umständen schon vorher das Lenkrad und kehrt mit raschem Griff in die Grundhaltung zurück.

Die Lenkarbeit ist also nicht mehr auf beide Hände gleichmäßig verteilt. Die kurvenäußere Hand hat vorgegriffen und eingeschlagen. Sie übernimmt auch noch leichte Korrekturen in der ersten Kurvenhälfte und leitet das Zurücklenken ein. Das eigentliche Zurücklenken auf die Gerade besorgt aber die kurveninnere Hand, und zwar vom Griffpunkt der Grundhaltung aus. Dabei kann sie selbst ausgeprägte Korrekturen – also zum Beispiel starkes Gegensteuern nach links, wenn es aufgrund eines Fahrfehlers einmal notwendig werden sollte – blitzschnell übernehmen.

Dem Ungeübten mag diese Lenkweise zunächst kompliziert erscheinen. Sie ist in Wahrheit aber nicht kompliziert – denn mit weniger Griffen geht's nicht. Außerdem ist der geübte Fahrer auf diese Weise stets über die tatsächliche Stellung der Vorderräder informiert. Und fast alle Straßen- und Bergkurven, ja sogar die meisten Situationen im Stadtverkehr können mit Hilfe dieser Griffe gemeistert werden.

Die dritte Griffgruppe schließlich ist eine logische Fortsetzung der zweiten. Wir haben dank wohlüberlegter Griffe den unmittelbaren Zusammenhang zwischen Lenkradeinschlag und Vorderradstellung auch in engen Kurven physiologisch gewahrt. Das geht aber natürlich nur bis zu einem gewissen Punkt – wir müßten sonst Gummiarme haben.

Wo also der mit Hilfe des Vorgreifens erzielte Einschlag noch immer nicht ausreicht, hat die zunächst unbelastete kurveninnere Hand während der Kurve überzugreifen – in unserem Beispiel über die linke Hand (die etwa bei der Drei am Ende ihrer Weisheit ist) hinweg auf die Elf oder die Zehn. Sie setzt dann den Einschlag fort, wobei allerdings der physiologische Zusammenhang zwischen Lenkung und Radstellung verlorengeht.

Zusammenfassend: Die erste Griffgruppe ist die wichtigste, weil starker Radeinschlag bei höheren Geschwindigkeiten ohnedies keinen Sinn hätte. Gerade bei höherem Tempo kann aber manche Situation nicht durch Bremsen, sondern nur durch exaktes Lenken beherrscht werden. Hohes Tempo erfordert zudem kürzeste Vorbereitungszeit. Sie ist bei den Griffen der ersten Art gleich Null.

Die zweite Griffgruppe kann nur bei mittleren oder niedrigen Geschwindigkeiten aktuell werden. Nach einem vorbereitenden Griff ist mit Hilfe dieser Methode der nötige Radeinschlag mit einer Exaktheit und Schnelligkeit zu erreichen, die aufgrund der üblichen Kurbelei am Lenkrad niemals möglich wären.

Im übrigen braucht man nicht immer sklavisch gerade bis zum untersten Punkt des Lenkrads vorzugreifen. Sobald die Anfangsschwierigkeiten überwunden sind, hat man auch das nötige Schätzungsvermögen erworben, um weniger weit oder aber auch weiter vorzugreifen. Und damit verschmelzen die Gruppen eins und zwei zu einer einzigen, vom Unterbewußtsein gesteuerten Grifftechnik.

Wir wollen nun noch zwei Dinge nachholen, die mit dem Lenken zusammenhängen und von vielen Autofahrern falsch interpretiert werden. Erstens: Handschuhe am Volant verraten den eitlen Gecken. Und zweitens: im Stehen wird nicht am Lenkrad gedreht.

Beides hält genauerer Überlegung nicht stand. Handschuhe können zweifellos auch ein modisches Attribut sein, vor allem aber stellen sie einen viel gleichmäßigeren Kontakt zwischen Händen und Lenkrad her, und zwar bei jeder Temperatur, ob im Sommer oder im Winter. Entweder man neigt dazu, an den Händen zu schwitzen, oder man fährt lange Strecken und die Handflächen beginnen zu schmerzen, oder ein kaltes Lenkrad macht die Finger steif – in allen diesen Fällen schafft der Handschuh Abhilfe. Mag die Hand zu feucht, zu trocken, zu kalt oder zu warm sein: der Handschuh kompensiert. Allerdings sind in jüngster Zeit die Lenkradoberflächen immer haut- und handfreundlicher geworden – die glatten, bakelitähnlichen Lenkradkränze früherer Tage gibt es kaum mehr. Es sollte sich also jeder selber prüfen: wer zu jeder Tages- und Nachtzeit mit dem Lenkrad fest verwachsen zu sein glaubt, braucht vermutlich Handschuhe nicht. Im Zweifelsfall: lieber Handschuhe. Wie sie aussehen, ist im Grunde egal. Schweinsleder hält am längsten.

Und was nun das Lenken bei stehendem (oder fast stehendem) Wagen betrifft: die Befürchtung, auf diese Weise dem Lenkgetriebe zu schaden, sollte man über Bord werfen. Scharfes Einbiegen, vor allem in der Stadt, erfordert nun einmal abrupte Lenkradeinschläge bei minimaler Geschwindigkeit. Wenn sie dieses Manöver scheuen, erreichen Sie höchstens zweierlei: entweder Ihr kurveninneres Hinterrad quält sich über einen Bordstein, oder Ihr kurveninnerer hinterer Kotflügel küßt ein fremdes Hindernis. Beides kann unter Umständen viel unangenehmer sein als nach 50000 Kilometern ein Lenkungsservice.

Zum Schluß: wer nach all dem bisher Gesagten noch nicht davon zu überzeugen ist, daß grundsätzlich beide Hände ans Lenkrad gehören, wird das richtige Autofahren wohl niemals lernen.

Und apropos Lernen: für das Erlernen der richtigen Grifftechnik sollte sich niemand zu erhaben, zu routiniert oder zu betagt vorkommen. Es ist dafür niemals zu spät. Nicht einmal fünf Minuten vor zwölf.

Raum ist in der kleinsten Kurve

Der Knigge für Knicke

Seit Adolf Freiherrn von Knigge haben wir im Umgang mit Menschen nur unwesentlich mehr dazugelernt als seit der Erfindung des Automobils im Umgang mit Kurven – obwohl der Kasseler Assessor schon doppelt so lange tot ist als die Stuttgarter Benzinkutsche Lebensjahre zählt. Der Knigge für Knicke hat's allerdings leichter: jede Kurve, auch die heikelste, ist spätestens ab ihrem Scheitelpunkt durchschaubar. Menschen sind es mitunter nie.

Daß Krümmungen sich vom Volant aus berechnen lassen, wußten schon die Herrenfahrer von Anno dazumal – sonst hätten sie vermutlich ihre Kurven nicht so perfekt geschnitten. »Es kann nicht genug und auf das Nachdrücklichste vor dieser Unsitte gewarnt werden« weiß bereits unser »Handbuch des Automobils« aus dem Jahre 1908. Wobei man den Lenkraddrehern der damaligen Zeit immerhin zugute halten muß, daß sie das Kurvenschneiden nicht aus bloßem Übermut betrieben, vielmehr – zumindest in Linkskurven – von der bombierten Straßendecke auf die falsche Fahrbahnseite gelockt wurden, wo die physikalischen Verhältnisse weitaus entgegenkommender waren. Wer damals außen blieb, mit dem ging's bergab.

Mittlerweile hat sich nicht nur der Straßenbau grundlegend gewandelt, sondern auch das Wissen um die Kurventechnik: wir werden sehen, daß möglichst langes Außenbleiben sicherer ist als frühes Hineinschneiden zum Kurvenscheitelpunkt.

Allerdings setzt diese Überlegung voraus, daß man sich überhaupt mit der richtigen Linie auf der Fahrbahn befaßt, genauer: mit der richtigen Linie auf der eigenen Fahrbahnhälfte. Und daß man solche Überlegungen nicht etwa mit der Bemerkung wegwischt, man sei ohnedies nie und nimmer wie ein Rennfahrer unterwegs, weshalb einem die optimale Kurvenlinie ohne weiteres gestohlen bleiben könne.

Wer so argumentiert, läßt wieder einmal die Naturgesetze außer acht, oder besser: jene physikalische Formel, die besagt, daß sich die Zentrifugalkraft innerhalb einer Kurve umgekehrt proportional zu deren Radius

verhält. Das heißt, daß sie um so kleiner (und daher um so gefährlicher) ist, je weiter die Kurve verläuft – denn weitere Kurven haben bekanntlich größere Radien.

Was will der Normalfahrer? Er will, daß sein Auto auf keinen Fall ins Rutschen kommt. Ins Rutschen kommt es aber nur dann, wenn die Zentrifugalkraft, die sein Auto aus der Kurve treiben will, größer wird als die Haftreibung, die es in seiner Spur hält. Es ist also für den Normalfahrer durchaus legitim und entspricht seinem natürlichen Bewegungsempfinden, wenn er den Weg der geringsten Zentrifugalkraft sucht, indem er die Kurve »streckt« und auf diese Weise ihren Radius vergrößert. Er spürt instinktiv, daß dann die zerrenden Seitenkräfte an seinem Wagen geringer werden.

Eine Kurve zu strecken (oder wenn man will: zu schneiden) ist also durchaus nicht immer frevlerischer Hang zur Raserei, sondern in vielen Fällen nichts anderes als natürliches Sicherheitsbedürfnis. Daß der Rennfahrer ebenfalls diese Linie sucht, daß er Kurven zu Geraden machen will, um schneller zu sein, ändert an diesen Gegebenheiten nichts. Denn es ist bestimmt kein Fehler, auf der Linie der geringsten Zentrifugalkräfte unterwegs zu sein und dennoch so verhalten zu fahren, daß man diese Linie gar nicht brauchen würde. Man hat bei diesem physikalischen Geschäft dafür zusätzliche Sicherheitsreserven eingetauscht. Wenn plötzlich eine Kiste in der Kurve liegt oder sonst etwas Unvorhergesehenes auftaucht – zum Beispiel ein vereister Fleck auf der Straße –, sind diese Reserven nur willkommen. Dann zeigt sich, daß in jeder Kurve noch Platz ist – wenn man sie richtig angepackt hat.

Also: wir sind bestrebt, jeder Kurve einen großen und möglichst gleichmäßigen Radius abzugewinnen. Denn auch Gleichmäßigkeit gehört zum gepflegten und sicheren Fahren. Es kommt darauf an, daß man den gewählten Lenkradeinschlag im Verlauf der Kurve nicht ununterbrochen variiert (also im Grunde im Zickzack durch die Kurve fährt), sondern sich im Gegenteil bemüht, den Einschlag so zu treffen, daß er ohne größere Lenkkorrektur den Kurvenscheitel entlang bis zum Auslauf der Kurve paßt. Wie gut, wenn man jetzt an die Technik des Bremsens, des Hinunterschaltens und der rationellen Griffe am Volant keinen weiteren Gedanken mehr zu verschwenden braucht und sich ganz auf die richtige Linie konzentrieren kann!

Die richtige Linie beginnt immer außen, vor Linkskurven also dicht beim rechten Straßenrand, vor Rechtskurven knapp *an*, aber niemals *auf* der (allenfalls gedachten) Mittellinie – denn eines dürfte mittlerweile wohl klar sein: jede Kurventechnik, die mehr beansprucht als die eigene Fahrbahnhälfte (oder notfalls auch nur den eigenen Fahrstreifen), ist keine Kurventechnik, sondern ein kriminelles Delikt.

Wir beginnen also außen. Wären wir Geometer, könnten wir den weiteren Verlauf unserer Fahrlinie jetzt bereits mit dem Zirkel ziehen: ein in seiner Krümmung gleichbleibender, möglichst flacher Kreisbogen, allein in unsere Fahrbahnhälfte (und nur in diese) eingepaßt. Er beginnt, wie gesagt, außen und endet auch wieder am äußeren Rand unserer Fahrbahnhälfte – also in Linkskurven am rechten Straßenrand, in Rechtskurven knapp vor der Mittellinie. Mit dem Mittelteil dieses Kreisbogens aber berührt der Zirkel den Innenrand der Kurve – in Rechtskurven also den inneren Straßenrand, in Linkskurven die Mittellinie als linke Begrenzung unserer Fahrbahnhälfte. Es handelt sich hierbei um eine gedachte Linie, die von außen her kommt, in der Mitte innen den Kurvenscheitelpunkt berührt und sich anschließend wieder nach außen hin entfernt.

Nur: wir sind Autofahrer, keine Geometer. Der gedachte Kreisbogen, zirkelgenau in unsere Fahrbahnhälfte eingeschrieben, erweist sich in der Praxis als gar nicht so ideal. Denn schließlich befahren wir ja nicht ein Zeichenpapier, sondern eine echte Straße mit all ihren naturbedingten Eigenheiten, mit Gegenverkehr, Überraschungen, Büschen und Bäumen, die uns die Aussicht verstellen können. Es gilt daher noch etliche andere Dinge ins Kalkül zu ziehen.

Zunächst, das wissen wir bereits, erweist es sich als sinnvoll, vor der Kurve zu bremsen, oder genauer: das Tempo vor der Kurve dermaßen reduziert zu haben, daß man anschließend wieder stetig beschleunigen kann. Es wäre beispielsweise vollkommen falsch, eine Kurve von außen her anzufahren, sich ihr also bremsend zu nähern, und dieses Verzögerungsmanöver etwa nur aus dem Grund abzubrechen, um das Lenkrad zum Innenrand der Kurve hin einzuschlagen und einen geometrisch richtigen Kreis zu fahren – obwohl man lieber noch etwas bremsen möchte. Viel klüger ist es, weiterhin zu bremsen und sich währenddessen noch ein Stückchen geradeaus fortzubewegen, um anschließend bei weiter reduzierter Geschwindigkeit das Lenkrad ein wenig abrupter einzuschlagen. Das wird dann zwar kein Kreis, den wir fahren – dazu hätten wir das Lenkrad schon etwas früher einschlagen müssen –, aber wir sind uns jetzt beim Einlenken zum Kurveninnenrand unserer Geschwindigkeit vollkommen sicher, ja wir können vielleicht schon wieder ein bißchen Gas geben und den Wagen mit wachsender Kraft und wachsender Haftreibung aus der zweiten Hälfte der Kurve ziehen.

Wir nehmen also einen Knick unserer Kurvenlinie in Kauf, um möglicher Eventualitäten wegen länger bremsen zu können und außerdem unser Tempo besser auf das ruhige Wiederbeschleunigen einzuregulieren. Wir legen unsere Fahrlinie nicht im geometrischen Scheitelpunkt an den Kurveninnenrand, sondern erst einige Meter dahinter (denn sonst hätten wir ja früher einschlagen müssen) – und gewinnen auf diese Weise einen weiteren unschätzbaren Vorteil: die weitaus bessere Sicht auf den Gegenverkehr.

Denn da wir ja nicht in vorschnellem Eifer unser Fahrzeug ein paar Herzschläge zu früh zum Kurveninnenrand gezogen haben, sehen wir, von außen her kommend, um so weiter in den restlichen Bereich der Kurve hinein – kein Rowdy, der auf der Straßenmitte daherfährt, kein Schwerlaster, der zwei Drittel der Straßenbreite beansprucht, kann uns mehr überraschen.

Womit die Ideallinie in Kurven aller Art genau definiert wäre: wir bleiben außen – noch ein bißchen weiter außen (natürlich im Bereich unserer Fahrbahnhälfte). Wir werden langsamer – noch ein bißchen langsamer. Wir schlagen ein und ziehen zum Kurveninnenrand. Und beginnen ab dem Kurvenscheitelpunkt stetig Gas zu geben.

Wer diese Regel beherzigt, braucht in keiner wie immer gearteten Kurve umzulernen. Sie gilt für Kurven aller Art – für flüchtige Knicke bei flottem Straßenverlauf, für steile und langsame Serpentinen am Berg, ja sogar für die berüchtigte Hundekurve.

Ihr wichtigstes Merkmal: ihr Radius wird kleiner, ihre Krümmung verengt sich, es scheint wie aus heiterem Himmel plötzlich kein Platz mehr da zu sein fürs Weiterfahren, weil sich der Straßenraum seitlich aus der Fahrerperspektive windet.

Die Bezeichnung stammt aus der Jägersprache. Was tut ein Hund, der eben einen vorbeilaufenden Hasen entdeckt hat und diesem daraufhin nachsetzen will? Er läuft nicht vorausdenkend. Also nicht dorthin, wo der Gejagte in ein paar Sekunden sein wird, sondern immer nur direkt auf den Hasen zu. Dabei beschreibt er einen Bogen, der zuerst flach und dann immer stärker gekrümmt ist: eben die Hundekurve.

Solche Kurven können für den unroutinierten Autofahrer tödlich sein. Er fährt schon auf der Geraden vor der Kurve nicht ganz außen, sondern etwa in der Mitte seiner Fahrbahnhälfte. Er sieht eine vermeintlich harmlose Kurve vor sich und lenkt sofort nach innen.

Natürlich merkt er auf diese Weise erst relativ spät, daß die Kurve immer enger wird. Er ist zu schnell. Schneidet die Kurve stärker. Kommt ins Schleudern. Tritt vielleicht sogar auf die Bremse. Und rutscht erst recht von der Straße und möglicherweise gegen einen Baum. Aus.

Der Unterschied zwischen dem schlechten und dem guten Autofahrer beginnt schon auf der Geraden: letzterer fährt nämlich wirklich außen. Er sieht eine Kurve vor sich, aber noch nicht deren Ende. Folglich bleibt er, statt nach innen zu lenken, weiterhin außen und nützt zunächst einmal die längere Gerade als Bremsstrecke aus. Des weiteren fährt er auf Sicht und bleibt unbeirrt so lange außen, bis er den Kurvenauslauf, also den Übergang der Kurve in die Gerade, erkennen kann. Jetzt erst lenkt er nach innen und legt eine Tangente an den Innenrand der Kurve – worauf ihm der gewonnene flache Kurvenauslauf volle Beschleunigung bei optimaler Sicherheit erlaubt.

Zusätzlicher Vorteil: sollte ein entgegenkommendes Fahrzeug den eigenen Kurvenauslauf nicht erwischen und unfreiwillig über die Mittellinie hinausgeraten – dem perfekten Kurvenfahrer auf der anderen Straßenseite käme es dabei nicht in die Quere. Denn dieser befindet sich gerade dort am Außenrand der Straße, wo ein entgegenkommender schlechter Fahrer vermutlich die Mittellinie nicht respektieren würde.

Raum ist somit in fast jeder Kurve. Man muß ihn nur zu nützen wissen.

Was übrigens die Beziehungen nicht nur der Menschen, sondern auch der Automobile zu Kurven betrifft: es gibt Autos, die auf Kurven geradezu fliegen. Sie sind gewissermaßen von Kopf bis Fuß auf Kurven eingestellt. Man nennt sie auch Übersteuerer.

Und dann gibt es Autos, die Kurven nicht so sehr mögen. Sie fahren lieber geradeaus und haben trotzdem – oder gerade deshalb – ihre Meriten. Das sind die Untersteuerer.

Beide Begriffe tauchen recht häufig in Testberichten auf, man hat jedoch das Gefühl, das breite Autofahrerpublikum weiß nicht viel mit ihnen anzufangen. Es sind Worthülsen, die man akzeptiert, um nicht als Automuffel dazustehen. Und das ist schade. Es sollte nämlich jedermann, der am Lenkrad sitzt, genau wissen, was er in die nächste Kurve lenkt: einen Über- oder Untersteuerer.

Stellen wir uns zu diesem Zweck einen Autoreifen (und natürlich auch das dazugehörige Rad samt Auto) vor, wie er geradeaus dahinrollt: nichts vermag ihn zunächst von seiner Bahn abzulenken. Jetzt aber nähert sich dieses Auto einer Kurve. Die Vorderräder schwenken ein, die Hinterräder folgen. Gleichzeitig wirkt bereits die Zentrifugalkraft auf das Auto ein – sie will den Wagenkasten nach der Kurvenaußenseite drücken.

Man kann sich unschwer vorstellen, wie der elastische Reifen gegen diese Kraft ankämpfen muß. Denn einerseits wird er ja in eine neue Richtung gelenkt oder gezogen, andererseits zerrt der wuchtige Wagenkasten über ihm nach der Kurvenaußenseite. Das Resultat ist: der Reifen wird verformt. Er wird genau dort verformt, wo er die Straße berührt. In dem niedrigen Stück zwischen Fahrbahn und Felge wird er ein wenig nach der Seite hin in die Breite gezogen.

Diese kleine Verformung ist schuld daran, daß er nicht mehr ganz seine Spur einhalten kann. Er lenkt ein bißchen mit, und zwar nach außen. Dorthin, wo die Fliehkraft – verkörpert durch die Masse des Autos – ihn hingequetscht hat.

Es wird das Rad also nicht haargenau dorthin rollen, wohin es zeigt, sondern um eine Nuance mehr nach der Kurvenaußenseite. Diese Nuance ist jedoch entscheidend. Man nennt sie den Schwimm- oder Schräglaufwinkel.

Schon bei relativ niedrigem Kurventempo, ohne jegliches Reifenquietschen, tritt dieser Schwimmwinkel auf. Und jetzt wird auch schlagartig klar, was Übersteuern und Untersteuern bedeutet: es handelt sich um den Unterschied zwischen den Schwimmwinkeln der Vorderräder und der Hinterräder.

Denn wenn sich die Hinterräder den größeren Schwimmwinkel zulegen, dann lenken sie auch mehr nach außen als die Vorderräder, das ganze Auto beginnt sich dann innerhalb seiner Drehung – der normalen Kurvendrehung –, noch einmal zu drehen, es wandert mit dem Heck zur Kurvenaußenseite und zeigt mit dem Bug zum Kurveninnenrand. Es will in die Kurve hinein. Es übersteuert.

Und wenn im Gegensatz dazu nicht die Hinterräder, sondern die Vorderräder den größeren Schwimmwinkel aufweisen, dann lenken diese Vorderräder, obwohl sie natürlich in Kurvenrichtung nach innen eingeschlagen sind, relativ gesehen immer noch ein bißchen nach außen, mehr jedenfalls, als die Hinterräder es tun – und somit vollführt der

Wagen eine winzige Gegendrehung, er will nicht in die Kurve hinein, er untersteuert.

Klar ist jetzt auch, daß man diese Schwimmwinkel durch relativ einfache Mittel beeinflussen kann – durch zusätzliches Reifenaufpumpen zum Beispiel. Denn wenn man ein paar Atmosphären mehr in die Hinterreifen jagt, dann werden sie sich weniger stark verformen, einen kleineren Schwimmwinkel laufen und das Übersteuern sein lassen. In den Jugendtagen des seligen VW-Käfers war das übrigens ein beliebtes Mittel, aus einer Heckschleuder ein manierliches Auto zu machen.

Die Frage, warum man bei der Konstruktion eines Autos nicht überhaupt auf jegliches Übersteuern oder Untersteuern verzichtet und statt dessen lediglich neutrale Fahrwerke (mit gleichen Schwimmwinkeln vorn und hinten) baut, scheint berechtigt. Sie ist jedoch nicht leicht zu beantworten. Fürs erste wird das Über- oder Untersteuern ja keineswegs allein durch den jeweiligen Reifendruck hervorgerufen, sondern durch zahlreiche andere, nicht ohne weiteres austauschbare Faktoren, wie etwa der Radlastverteilung (die man mit Hilfe der sogenannten Stabilisatoren steuert) oder der Gewichtsverteilung überhaupt, also zum Beispiel der prinzipiellen Frage, ob der Motor vorne, hinten oder in der Wagenmitte placiert werden soll. Zum anderen packt auch die Zentrifugalkraft nicht immer gleichmäßig vorne und hinten zu, es kommt dabei auf die jeweiligen Fahrzustände an, und es kann ein Auto, das in weiten und schnellen Kurven kaum merklich untersteuert, in engen Kehren zum widerborstigen Untersteuerer werden. Zum dritten werden die verschiedenen Fahreigenschaften eines Autos auch durchaus unterschiedlich geschätzt – es gibt da, je nach Firma, so manche Theorien, die einander widersprechen.

Deshalb wird es wohl immer Unter- und Übersteuerer geben müssen. Das sogenannte Eigenlenkverhalten der Autos wird auch weiterhin beim Kurvenfahren keine unbeträchtliche Rolle spielen. Wer also auf der Straße nach der richtigen Linie sucht, wird gut daran tun, zunächst die Linientreue seines eigenen Autos zu studieren.

Im übrigen könnte man es als Pointe auffassen, daß die eingangs geschilderte Ideallinie – jene mit dem langen Außenbleiben am Kurvenbeginn –, obwohl sie aus dem Automobilrennsport stammt, auf der Rennpiste nur noch selten gesteuert wird. Angesichts großer Startfelder, wie sie das Publikum liebt, ist es nämlich gar nicht mehr möglich, irgendwelche Ideallinien zu verfolgen – weil zu viele Autos gleichzeitig in die nächste

Kurve hineinwollen. Dann heißt es einfach: Fahren, wo Platz ist. Und Platz ist meistens nur innen in der Kurve.

Wer aber innen in eine Kurve hineinsticht, hindert die auf dem »Außenstrich« fahrenden Autos zumindest daran, die geplante Ideallinie auszunützen. Er zwingt sie zum Zurückbleiben, obwohl sie theoretisch auf der schnelleren Linie fahren.

So schließt sich auch hier der Kreis: der Automobilrennsport hat kühne Anregungen gegeben und Jahrzehnte hindurch die Technik – auch die Fahrtechnik – entscheidend geprägt. Heute aber, im Zeitalter der Laborerprobung und des Computerversuchs, ist er für den Serienbau technisch nicht mehr maßgebend. Er ist Show, Artistik in höchster Vollendung, zumindest was die Grand-Prix-Rennen betrifft. Und so ist es auch nur folgerichtig, daß sich die Fahrtechnik des Alltags von der Fahrtechnik circensischer Spiele schrittweise entfernt.

Niki Lauda sagt zum Beispiel in seinem Formel-1-Buch, daß die Zeiten, da man durch besonders gute Wahl der Ideallinie Zehntelsekunden herausschinden oder sogar ein ganzes Rennen gewinnen konnte, vorbei sind. Er meint, daß heutzutage derjenige der schnellste Fahrer sei, der sein Auto so abzustimmen vermag, daß er auf der einzig möglichen Linie am schnellsten fahren kann. Und diese einzig mögliche Linie offeriere sich nach geringer Praxis von selbst. Das mag stimmen.

Aber auch Niki muß ein paar Seiten weiter zugeben, daß er, zumindest beim Training, im Verlauf von Kurvenkombinationen mit einem Male irgendwo zu unüberlegt unterwegs sei und dabei die richtige Linie verliere und daß er dann wohl oder übel von neuem beginnen müsse. Mit dem Training, wohlgemerkt.

Wir Alltagsfahrer dürfen in diesem Sinne niemals zu trainingshaft unterwegs sein. Wir fahren nicht auf abgesperrter Rennstrecke, sondern im allgemeinen Verkehr. Wir fahren zum Glück nicht auf Zeit, sondern auf Ankommen.

Aber wenn es stimmt, daß unter gegebenen Straßenverhältnissen nur eine einzige Linie für unseren Wagen die optimale ist, dann sollten wir diese Linie zumindest suchen.

Für die meisten Fahrer nämlich sind die Straßen viel zu breit. Sie trudeln irgendwo auf ihrer Fahrbahnhälfte dahin, langweilen sich dabei und werden müde. Die Suche nach der Ideallinie hingegen könnte sie frischhalten – sie könnten sich während der Fahrt Rechenschaft darüber geben, ob ihre vorausgeplante Linie auch tatsächlich ideal war und ob sie

sie auch einzuhalten vermochten. Auf diese Weise würden sie exaktere Fahrer werden – mit mehr Augenmaß, mehr Verantwortungsbewußtsein und mehr Sicherheit.

Und außerdem: wer Ideallinie fährt, macht unsere Straßen breiter. Und die Kurven mit. Denn für Ideallinienfahrer gilt, was Automobilisten sonst nicht wahrhaben wollen – daß nämlich unsere Erde Raum für alle hat. Sogar in Kurven.

Sägen soll lieber der Holzfäller

Vom Autofahren in Grenzbereichen

Fahren im Grenzbereich – das ist in den Augen vieler Automobilisten lediglich eine Sache für professionelle Draufgänger, die sich mit ihren Autos, womöglich gegen Bezahlung, auf abgesperrten Pisten am Rande des Selbstmordes dahinbewegen.

Wir haben jedoch im Laufe dieser Betrachtungen schon mehrmals einsehen müssen – zuletzt bei der Suche nach der sichersten Kurvenlinie –, daß man aus den Erfahrungen professioneller Lenkradartisten, ohne es ihnen im geringsten gleichtun zu wollen, Nützliches auch für den Alltag lernen kann – wenn man als Motiv statt Geschwindigkeit Sicherheit an die erste Stelle setzt.

Die fahrphysikalischen Umstände sind hier wie dort die gleichen, und leider: auch bei den meisten unserer Alltagsunfälle pflegen sich ja die Autos, knapp bevor sie zu Schrott werden, einige Sekunden lang – wenn auch sehr gegen den Willen ihrer Insassen – im sogenannten Grenzbereich zu bewegen.

Zunächst: was heißt überhaupt Grenzbereich?

Es bedeutet in diesem Zusammenhang immer: Grenzbereich der Bodenhaftung. Es meint jenen Fahrzustand, bei dem die Reifen zwar nicht mehr ganz normal abrollen, sondern gegenüber dem Boden schon etwas Schlupf haben, dabei aber noch keineswegs gleiten. Mit einfacheren Worten: im Grenzbereich befindet man sich immer dann, wenn die Reifen zu rutschen beginnen.

Der Schwimmwinkel des vorangegangenen Kurvenkapitels, das verformungsbedingte Mitlenken der Reifen, das zum sogenannten Übersteuern und Untersteuern führt: das alles ist zwar bereits Grenzbereich, aber offensichtlich fährt man dabei noch diesseits der Haftgrenze. Tritt jedoch zwischen Reifengummi und Fahrbahn ein erster Schlupf ein – dann hat man die Haftgrenze überschritten.

Selbst dann, wenn die Reifen bereits Schlupf haben, muß das Auto noch keineswegs schleudern: nach wie vor kann man sich in jenem Grenzbereich bewegen, wo Haftreibung und Gleitreibung einander überlappen –

ein Zustand, den man in der Fachsprache (unter bestimmten Voraussetzungen) als »Driften« bezeichnet.

In der Praxis ist das Schleudern sehr viel leichter zu produzieren als das
Driften. Denn die Haftgrenze überschreiten – das kann im Grunde jeder.
Sie aber überschreiten und anschließend in ihrer unmittelbaren Nähe
weiterfahren – das erfordert größtes fahrerisches Geschick.

Denn es ist ein heikles Jonglieren mit ungebärdigen Kräften, die bei
diesem Fahrzustand blitzschnell gegeneinander ausgespielt werden müssen, damit weder die eine noch die andere Kraft die Oberhand
gewinnt.

Dazu müssen wir wiederum einen Ausflug in die Theorie machen.

Stellen wir uns die Haftfähigkeit eines Reifens zum besseren Verständ-
nis als geometrisches Gebilde auf dem Boden aufgemalt vor. Die Haftfähigkeit ist, theoretisch zumindest, nach allen Richtungen hin gleich
groß. Es wird also ein Kreis sein, der sie symbolisiert. Der Mittelpunkt
dieses Kreises ist der Berührungspunkt des Reifens mit dem Boden.

Jetzt können wir die Zentrifugalkraft, die den Wagen nach außen
drängt, von diesem Mittelpunkt aus in Form eines Pfeiles zur Kurvenaußenseite hin zeichnen. Einen zweiten Pfeil, der die Vortriebskraft
symbolisiert, tragen wir im rechten Winkel dazu in der Richtung des
rollenden Rades auf.

In der Praxis kommen diese beiden Kräfte natürlich nicht gesondert zur
Wirkung. Sie überlagern sich und bilden, gewissermaßen als physikalische Addition, eine sogenannte Resultierende.

Diese Resultierende ist unser dritter Pfeil. Er wird irgenwo zwischen den
anderen beiden Pfeilen verlaufen, also entweder mehr nach vorne oder
mehr zur Seite zeigen – er wird nur eines nicht dürfen: unseren Kreis
durchstoßen. Denn dann wäre offenbar die Haftfähigkeit des Reifens
überschritten.

Innerhalb dieses Kreises muß also, wenn die eine Kraft größer wird, die
andere Kraft kleiner werden – sonst verliert der Reifen die Haftung. Und
in letzter Konsequenz: wenn einer unserer beiden Pfeile (sei es nun die
Zentrifugalkraft oder die Antriebskraft) so groß geworden ist wie der
Radius des Kreises, dann kann der Reifen dem anderen Pfeil keinen
Widerstand mehr entgegensetzen.

Das erklärt, warum ein Rad, das durch den Einsatz extremer Motor-
kräfte durchdreht, keinerlei Seitenführungskraft mehr hat. Und es
erklärt andererseits auch, warum ein festgebremster Reifen, der radie-

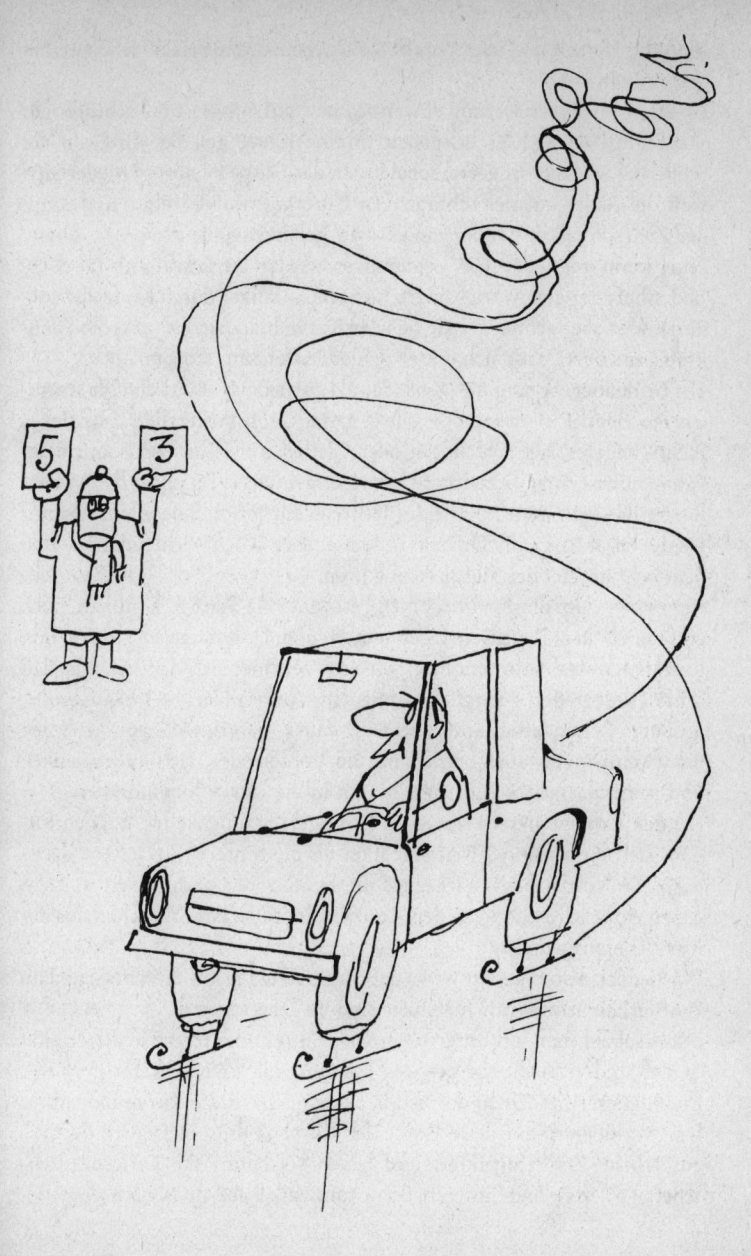

rend die Haftgrenze überschreitet, sich ebensowenig nach der Seite hin abstemmen kann.

Es erklärt weiter, warum ein Auto, daß auf nasser und schlüpfriger Straße mit wenig Gas behutsam in eine Kurve gelenkt wird, auf der Stelle ins Schleudern gerät, sobald man das Gaspedal abrupt niedertritt: weil die Räder auf der schlüpfrigen Unterlage durchdrehen und somit der Zentrifugalkraft widerstandslos ausgeliefert sind.

Nur wenn man das Gas schleunigst wieder zurücknimmt (also die Bodenhaftung der Antriebsräder nicht mehr länger durch Kraft überfordert) oder aber schnurgerade aus der Kurve hinauslenkt (also die Fliehkraft reduziert), läßt sich dieser Schleudervorgang stoppen.

Ein Schleudervorgang übrigens, der als gutes Beispiel für den oft strapazierten Begriff »Powerslide« gelten kann. Denn Powerslide bedeutet ja nichts anderes, als Schleudern oder Gleiten mit Hilfe von Kraft. Jeder Fahrschüler bringt es zustande, wenn er genügend PS unter der Motorhaube hat. Mit dem Begriff des Driftens hat Powerslide allerdings nur wenig zu tun. Denn Driften bedeutet eben Nicht-Schleudern – und dennoch jenseits der Haftgrenze fahren.

Kehren wir, um diesem Phänomen besser auf die Spur zu kommen, noch einmal zu den Begriffen Übersteuern und Untersteuern zurück. Ein übersteuerndes Auto, erinnern wir uns, zeichnet sich dadurch aus, daß seine Hinterräder – verglichen mit den Vorderrädern – in Kurven die größere Reifendeformation zeigen, daher aufgrund ihres größeren Schwimmwinkels auch stärker als die Vorderräder nach außen lenken und somit das ganze Auto von hinten in die Kurve hineindrehen.

Bei den Untersteuerern hingegen ist es gerade umgekehrt: dort verformen sich die vorderen Reifen stärker als die hinteren, es lenken daher auch die Vorderräder stärker als die Hinterräder nach außen und das ganze Auto wird entgegen dem Lenkradeinschlag ein Stückchen aus der Kurve herausgedreht.

Was jedoch selten gesagt wird: daß Untersteuerer aus diesem Grund im Fahrverhalten wesentlich stabiler sind als Übersteuerer.

Denn sobald man ein untersteuerndes Auto in die Kurve lenkt, sträubt es sich und versucht zur geraden Richtung zurückzukehren.

Übersteuerer hingegen, die sich ja bekanntlich in die Kurve hineindrehen, verkleinern auf diese Weise den Kurvenradius, aktivieren dadurch zusätzliche Zentrifugalkraft und lassen solcherart die Differenz zwischen vorderem und hinterem Schwimmwinkel abermals wachsen.

Das ist übrigens auch der Grund, weshalb die Automobilkonstrukteure heutzutage lieber untersteuernde Autos bauen. Es gibt aber noch weitere Gründe: mit zusätzlichem Gas an den hinteren Antriebsrädern kann man Untersteuerer ohnedies, wenn's not tut, zu Übersteuerern machen.

Das leuchtet ein, wenn man bedenkt, daß ein solcher zusätzlicher Gasstoß – bei einem Auto, das ohnedies schon nahe an der Haftgrenze durch die Kurve fährt – die hinteren Antriebsräder zu leichtem seitlichem Schlupf zwingen wird. Schlupf und hinterer Schwimmwinkel addieren sich dann und sind zusammengenommen größer als der vordere Schwimmwinkel: der Untersteuerer ist zum Übersteuerer geworden.

Wer es zuwege bringt, diese Umwandlung unter Kontrolle zu halten und sie länger als nur ein paar Sekunden auszudehnen, der hat sein Auto bereits im sagenhaften »Four-wheel-Drift« – jenem für Laien unverständlichen Fahrzustand, bei dem das leicht quergestellte Auto mit geradeaus gerichteten Vorderrädern schnurstracks auf den Kurveninnenrand zuzufahren scheint, diesen aber doch nicht erreicht.

Daraus folgt auch, daß dieser Drift untersteuernde Autos voraussetzt. Denn bei einem Übersteuerer würden sich Kraftschlupf und (an sich schon großer) hinterer Schwimmwinkel dermaßen addieren, daß man zu ihrer Kompensation die Vorderräder (mit dem kleineren Schwimmwinkel) gegeneinschlagen müßte. Wer aber gegenlenkt, ist nicht mehr im Four-wheel-Drift, sondern korrigiert bereits eine beginnende Schleuderbewegung.

Wer im Four-wheel-Drift dosiert Gas gibt, erreicht folgendes: die Hinterräder bekommen unter dem Einfluß der wachsenden Vortriebskraft mehr Schlupf, können daher der Zentrifugalkraft weniger Widerstand entgegensetzen und werden ein Stückchen seitlich zur Kurvenaußenseite hin wegrutschen. Dadurch aber stellt sich das Auto mehr in die Kurve hinein, sein »Anstellwinkel« wird größer, es steht (fahrenderweise) stärker quer als zuvor. Das wiederum hat zur Folge, daß die Zentrifugalkraft das Auto jetzt nicht mehr breitseits anpacken kann, sondern es mehr von vorne trifft. Es wird – wenngleich unmerklich – langsamer werden und zugleich geringeren Seitenkräften ausgesetzt sein.

Auch unter diesen veränderten Umständen kann sich ein fahrdynamischer Gleichgewichtszustand einpendeln, zumal wenn man bedenkt, daß der zusätzliche Beschleunigungsstoß einen größeren Teil des Wagengewichts nach hinten verlagert und somit die Bodenhaftung der Hinterräder verbessert.

Erst wenn die ständig wechselnde Summe sämtlicher Kräfte die ständig wechselnden Reserven an Bodenhaftung vollkommen aufgesogen hat – was in der Praxis freilich binnen eines Herzschlags geschehen kann –, wird sich das Auto drehen. Es liegt allein an der Geschicklichkeit des Lenkers, zwischen zwei Extremen (einerseits einem kreiselnden Auto und andererseits einem Auto diesseits der Haftgrenze) den optimalen Driftwinkel zu finden.

Wir verstehen bei dieser Gelegenheit, warum Rennfahrer – manchmal ohne sich den Kopf darüber zu zerbrechen – überhaupt driften. Sie tun es nicht nur deshalb, weil ihnen dosierter Schlupf den höchsten Grad der physikalisch möglichen Reibung vermittelt, sie tun es auch deshalb, weil ein driftend querstehendes Auto, wie wir gesehen haben, zudem die Wirkung der Zentrifugalkraft leichter verdauen und aus diesem Grund schneller sein kann als alles, was sich diesseits der Haftgrenze bewegt.

Außerdem wissen wir jetzt, weshalb Autos mit Vorderradantrieb sich für das klassische Driften nicht eignen: weil nämlich jegliches zusätzliches Gasgeben bei ihnen den unvermeidlichen Effekt hat, aufgrund der (mit jeder Beschleunigung verbundenen) Gewichtsverlagerung nach hinten die Bodenhaftung der Vorderräder zu verringern – was in Kurven, die ohnedies am Limit gefahren werden, ein entscheidendes Manko ist.

Was wir aber jetzt vor allem wissen (und hoffentlich vermag es unseren ausgedehnten Ausflug in die Fahrdynamik zu rechtfertigen): daß wohl niemand ernstgenommen werden kann, der dem Alltagsfahrer rät, den Four-wheel-Drift zu erlernen, auf daß er im täglichen Straßenverkehr besser davonkomme.

Denn von allen Fahrkünsten im Grenzbereich ist der Four-wheel-Drift für den Alltag wohl die nutzloseste. Nicht nur erscheint es von der moralischen Seite her vermessen, einem Nichtartisten das Balancieren auf dem Hochseil zu empfehlen, es scheitert auch an den, sagen wir: handwerklichen Schwierigkeiten. Selbst Weltklassepiloten – und dafür ist der Beweis jederzeit anzutreten – tun sich nicht leicht mit dem Four-wheel-Drift, wenn sie aus dem Training sind.

Entscheidend jedoch ist letzlich folgendes: das Driften in Rennmanier bietet gar keine Hilfe für die Tücken des Alltags. Auf einem vereisten Brücklein oder in einer splittbestreuten kleinen Landstraßenkurve kann man einfach nicht in der geschilderten Weise driften, es fehlt schon der Platz dafür.

Auf der anderen Seite wäre es ebenso falsch, wollten wir Alltagsautomobilisten uns mit dem Fahren im Grenzbereich überhaupt nicht beschäftigen. Ein bißchen ungewolltes Gas in einer schlüpfrigen Kurve – und wir sind bereits im Grenzbereich, wenn nicht weiter. Also sollten wir auch wissen, was in solchen Situationen zu tun ist.

Das Grundproblem, dem sich der lernwillige Automobilist in diesem Zusammenhang gegenübersieht, ist wohl das Abfangen des andeutungsweise ausbrechenden Wagens. Anlaß kann eine Blockierbremsung sein (wir sprachen darüber im »Stotter«-Kapitel) oder ein Quentchen Sand in einer asphaltierten Kurve – in beiden Fällen wird das Wagenheck ein wenig zur Seite wischen, und in beiden Fällen wird es vermutlich ausreichen, den Fuß zu heben: und zwar das erste Mal von der Bremse und das zweite Mal vom Gas. Gaswegnehmen ist dabei die natürlichere Reaktion – selbst der Anfänger schafft es instinktiv und stoppt damit so manchen beginnenden Ausbruchsversuch.

Der nächste Schritt ist, den Lenkeinschlag zurückzunehmen – die Kurve also zu strecken –, und auch das geschieht in den meisten Fällen noch instinktiv, denn nicht selten läßt das plötzliche Unbehagen die lenkenden Hände zur Ausgangssituation zurückfinden.

Schwieriger wird es, wenn das Wagenheck ernstliche Anstalten macht, den Kühlergrill einzuholen – denn jetzt ist echtes Gegenlenken nötig. Die Vorderräder müssen dabei, selbst wenn es für's erste einige Überwindung kostet, deutlich entgegen der Kurvenrichtung zum äußeren Straßenrand hin eingeschlagen werden, damit der Wagenvorderteil dem Wagenhinterteil doch noch den Weg abschneidet.

Erstaunlicherweise macht auch das dem ungeübten Lenker keine wirklichen Schwierigkeiten: selbst wer zum allerersten Mal ins Schleudern gerät, zuckt mehr oder weniger automatisch mit dem Lenkrad ins Gegenteil.

Aber erst jetzt wird es wirklich problematisch: starkes Gegenlenken erfordert nämlich in unmittelbarer Folge eine weitere Korrektur – es muß auch wieder zurückgelenkt werden. Und hier beginnen Nerven, Reaktion und Abschätzungsvermögen üblicherweise zum erstenmal zu streiken.

Glücklich kann sich schätzen, wer bereits die richtige Grifftechnik (die aus dem fünften Kapitel) beherrscht. Denn er hat dann zumindest keine handwerklichen Schwierigkeiten mehr – er braucht nur noch entsprechend zu reagieren.

Erfahrungsgemäß krankt es beim Zurücklenken (oder Nachlenken) vor allem daran, daß zu spät, zu zögernd oder zu wenig zurückgelenkt wird. Dann bleibt das praktisch schon abgefangene Auto unter dem Einfluß der Gegenlenkbewegung und beginnt womöglich nach der anderen Richtung hin zu schleudern.

Hier bedarf der Trockenkurs aus dem Buch allerdings der Unterstützung durch praktisches Training. Man muß die Sache einmal probieren – dann kann man weiter darüber reden. So besehen sollte es viel mehr Plätze geben, auf denen der Alltagsfahrer einiges über das Benehmen seines Autos im Grenzbereich lernen kann.

Wie man dennoch ein solches Übungsgelände aufstöbert? Es gibt ausgediente Flugplätze, verlassene Höfe, leere Parkplätze vor Sommerbädern mit Wintersperre, einstige Industrieflächen, die ungenützt daliegen – es lohnt sich, ein bißchen in der Gegend herumzusuchen und notfalls einen längeren Anmarschweg in Kauf zu nehmen. Vor allem gibt es in den großen Städten fast schon überall perfekt ausgerüstete, eigens für diesen Zweck vorgesehene Übungsplätze der Autofahrerklubs.

Man sollte sie an einem regnerischen Tag aufsuchen. Und ausnahmsweise alte, abgefahrene (aber noch nicht völlig profillose) Reifen montieren lassen – Vorsicht dann bei der Hin- und Rückfahrt! Und in diese alten Reifen pumpt man um ein Atü mehr hinein als sonst.

Dann kann das Herumrutschen losgehen. Das Tempo, das man dabei fährt, ist nicht hoch, die Chance, daß Gefährliches passiert, gleich Null. Immerhin sollte man nicht planlos in der Gegend herumprobieren, sondern sich lieber gewisse Aufgaben stellen und Bewegungsabläufe üben, die auch in der Praxis taugen: das schnelle Ausweichen zum Beispiel angesichts eines unerwarteten Hindernisses.

Was dabei gemeistert werden muß, ist insofern etwas schwieriger als das Gegenlenken (oder das Zurücknehmen der Lenkung) in Kurven, als es sich in jedem Fall um eine Doppelbewegung handelt: zunächst das Ausweichen, dann die entgegengesetzte Reaktion, um das Auto auf der Straße zu halten. In der Praxis muß sogar eine Vierfachbewegung daraus werden – denn schließlich will man ja auch wieder auf die eigene Fahrbahnhälfte zurück.

Zu diesem Ausweichen sind folgende Lenkbewegungen nötig (wenn wir beispielsweise links am Hindernis vorbeikommen wollen):

1. Links einschlagen – worauf das Auto mit dem Heck leicht nach rechts wegrutscht.
2. Durch Gegensteuern nach rechts diese Schleuderbewegung abfangen.
3. Durch starken Einschlag nach rechts den Wagen auf die rechte Fahrbahnseite zurücklenken.
4. Durch Einschlagen nach links das Auto wieder in die gerade Fahrtrichtung bringen.

Dieses Ausweichen ist nicht ganz risikolos. Deshalb sollte man es in höherem Tempo bei der überraschenden Begegnung mit Tieren nicht riskieren – es sei denn, es handelt sich um Schwergewichte wie Kühe oder Pferde. Natürlich verdienen es auch Igel zu überleben; aber jede Tierschutzkampagne, die darauf hinausläuft, daß ein Fahrer mit Familie zu diesem Zweck sein Auto verreißt, ist pervers.

Klar ist ferner, daß jeder Lenkfehler aus mangelnder Grifftechnik die Anzahl der Lenkbewegungen bei diesem Manöver und somit auch die Gefahr wesentlich erhöhen würde. Es hat also keinen Sinn, das Schleudern zu üben, wenn man nicht zuvor gelernt hat, rationell zu lenken.

Und weil gerade von einer Vierfachbewegung (der lenkenden Hände) die Rede war: es gibt, gewissermaßen als oberste Perfektionsstufe, auch eine Endlosbewegung. Das ist das Wedeln.

Beim Wedeln befindet sich das Auto in einer fortlaufenden Zickzackbewegung. Es schwenkt nach links, aber der Fahrer dreht das Lenkrad schon wieder nach rechts. Und während es gehorsam nach rechts zurückschwenkt, ist der nächste Linksausschlag schon wieder im Lenkrad. Und so weiter.

Das Wedeln ist einer der härtesten, wenn nicht überhaupt der härteste Test, dem ein Fahrwerk unterzogen werden kann. Nicht von ungefähr ist in den Werbesprüchen der Automobilanzeigen davon recht selten die Rede. Denn nur ein wirklich kursstabiler Wagen hält dieses pausenlose Hin und Her am Lenkrad aus, ohne sich querzustellen, zu drehen oder zumindest gewaltig aus der Spur zu laufen – anstatt, wie es sein soll, gleichsam von selbst die ursprüngliche Fahrtrichtung wieder einzunehmen.

Dennoch werden bei einzelnen Firmen solche Wedelversuche seit mehr als zehn Jahren laufend gemacht, und zwar bei außerordentlich hohen Geschwindigkeiten. Testfahrer schlagen die Lenkung am Beginn der Wedelstrecke bei Tempo 120 ein, und am Ende der Wedelstrecke sind sie noch immer mit nahezu 100 km/h unterwegs.

Leider kann man diese extreme Art des Testens niemandem empfehlen – ja man muß ganz energisch davon abraten, dergleichen (und sei es auf einem einsamen Übungsgelände) auch nur ausprobieren zu wollen.

So kommt es, daß die entscheidenden Faktoren der Straßenlage eines Autos – wie die eben geschilderte Unempfindlichkeit gegen wiederholtes Verreißen der Lenkung – in der Praxis vom Käufer nicht beurteilt werden können. Er muß sich auf Firmeninformationen verlassen, wohingegen er zum Beispiel weitaus unwichtigere Dinge (wie etwa die Seitenneigung des Aufbaues in Kurven, die als sogenannte Relativbewegung mit der Bodenhaftung der Räder nur wenig zu tun hat) durchaus selber beurteilen kann. Immerhin läßt sich eine Erfahrungsregel aufstellen: besonders weich und komfortabel gefederte Autos sind zumeist nicht sehr kursstabil. Gutmütigkeit gegenüber Fahrfehlern muß auch heute noch durch einen gewissen Grad von Straffheit in der Aufhängung erkauft werden.

Wenn im übrigen bisher vom Ausbrechen die Rede war, dann immer nur vom Ausbrechen des Wagenhecks – dem weitaus häufigsten Fall des Schleuderns. Ausbrechen (oder in diesem Falle besser: Wegschieben) kann aber natürlich auch der vordere Teil des Wagens, nämlich immer dann, wenn es die Vorderräder sind, die als erste den Grenzwert der Bodenhaftung überschreiten. Das ist zumeist bei Fronttrieblern der Fall, wenn man mit ihnen auf glatter Straße Kurven bergab fährt.

Kommt also ein Auto ins Untersteuern und schieben seine Vorderräder nach der kurvenäußeren Seite weg – genaugenommen kann hier gar nicht mehr vom Untersteuern die Rede sein, sondern es muß bereits von schleudernden Vorderrädern gesprochen werden –, wenn dieser Fall also eintritt, sollte man zunächst noch versuchen (und wird es auch instinktiv tun), die Vorderräder durch verstärkten Lenkradeinschlag (in Linkskurven also nach links, in Rechtskurven nach rechts) doch noch in die Kurve zu zwingen. Natürlich gehört das Gaswegnehmen dazu – wenn man es nicht ohnedies längst getan hat.

Die Lenkung schärfer einzuschlagen ist aber von einem bestimmten Grad des Rutschens an – zumal wenn man kein Gas mehr wegzunehmen hat – verkehrt. Das Richtige wäre in diesem Fall das genaue Gegenteil, nämlich nach der Kurvenaußenseite hin zu lenken oder zumindest in dieser Richtung hin den Lenkradeinschlag zurückzunehmen, damit der Kurvenradius größer wird und die Vorderräder wieder Bodenhaftung erlangen können.

Daß sich das leichter sagt, als es getan ist, liegt auf der Hand. Vor allem gehört dazu der nötige Platz, es darf also in Rechtskurven kein Auto entgegenkommen, das uns daran hindern würde, den beabsichtigten Bogen nach dem Fangen der Vorderräder doch noch auszufahren. Theoretisch zumindest könnte man in diesem Fall auch die Handbremse (so sie auf die Hinterräder wirkt) zu Hilfe nehmen, um das Heck zum Ausbrechen und den Wagen auf diese Weise wieder in die beabsichtigte Richtung zu bringen.

Gegenlenken, stärker in die Kurve hineinlenken (also nachlenken), den Einschlag zurücknehmen, den Einschlag vergrößern: das alles ergibt mitunter ein Hin und Her am Lenkrad (vor allem, wenn es rasch und richtig gemacht wird), von dem man den Eindruck gewinnen könnte, es sei hier nicht blitzschnelles Eingehen auf durchaus verschiedene Situationen im Spiel, sondern ein allgemein vorbeugendes, gewissermaßen prophylaktisches Stakkato am Volant: das sogenannte Sägen.

Besonders dann, wenn die TV-Gummilinse in die Cockpits driftender Rennwagen hineinblendet und wenn man die behandschuhten Hände der Piloten samt ihrem winzigen Lenkrad hin und her zucken sieht, liegt die Vermutung nahe: die sägen sich durch die Kurve.

Diese Vermutung ist falsch. Sie ist so falsch, daß Rennfahrer nur darüber lächeln können. Auch sie würden am liebsten mit ruhigem Lenkradeinschlag und möglichst wenig Aufwand (denn das alles bedeutet für sie verlorene Zeit) durch Kurven driften – nur: die ständig wechselnden Kraftschlußverhältnisse zwischen den (ohnedies jenseits der Haftgrenze gefahrenen) Antriebsrädern und dem Boden zwingen sie zu ununterbrochenen Lenkkorrekturen, von denen jede einzelne eine Bedeutung hat.

Man kann das, wenn man will, bei den Schleuderübungen in Eigenregie nachprüfen: entweder man nimmt, wenn das Heck ausbrechen will, den Fuß deutlich vom Gas – dann wird sich der Wagen von selbst wieder einpendeln. Oder man nimmt den Fuß nur kurz vom Gas und führt gleichzeitig eine Gegenlenkbewegung aus: dann wird sich das Ganze rascher und souveräner abwickeln. Oder man nimmt den Fuß überhaupt nicht vom Gas – dann heißt es aber kräftig und dennoch genau abgezirkelt (vielleicht auch zweimal knapp hintereinander) Gegenlenken: sonst dreht sich der Wagen. Diese letzte Version ziehen die Rennfahrer vor, weil sie den Fuß überhaupt nicht gern vom Gas nehmen.

Mit dem Sägen ist, wie gesagt, etwas ganz anderes gemeint: das vorbeu-

gende, aber ungezielte Hin und Her am Lenkrad. Richard von Frankenberg beschreibt es in seinem (allerdings vor mehr als zwanzig Jahren
erschienenen) Buch über die Hohe Schule des Fahrens folgendermaßen:

»Wenn Sie in eine Kurve kommen und dabei das Gefühl haben: das ging
aber ein bißchen schnell, oder: na, wenn der verdammte Sand, der hier
liegt, bloß nichts ausmacht – dann fangen Sie an zu sägen. Sie bewegen
dabei das Lenkrad in ganz kleinen Ausschlägen hin und her, unabhängig
von dem Generaleinschlag, der gerade nötig ist, um die Kurve zu nehmen. Sie spielen sozusagen mit dem Lenkrad, und zwar gehen dabei Ihre
Handbewegungen nur um ein Weniges über den toten Gang der Lenkung hinaus. Damit erzielt man eine verblüffende stabilisierende Wirkung. Auch bei Glatteis und bei Schnee kann dieses Sägen sehr empfohlen werden.«

Dazu Niki Lauda wörtlich: »Die ganze Sägerei ist Blödsinn. Die alten
Herren haben einfach nicht gewußt, wo das Limit liegt. Und wenn sich
einer beim Sägen nicht auskennt, wird er das Auto nur aufschaukeln.
Das Ganze bringt nichts.«

Das stimmt zum Teil. Aber zum Teil stimmt es auch nicht, denn die
alten Herren haben ganz genau gewußt, wo ihr Limit und das Limit
ihrer damaligen Autos lag. Sie fuhren jedoch auf bedeutend schmäleren
Reifen – für die heute üblichen Walzen ist das Sägen so gut wie illusorisch.

Recht hat Niki Lauda zweifellos auch, wenn er von der Gefahr des
Aufschaukelns spricht. Oft kann man Möchtegern-Sportfahrer oder
selbsternannte Tester sehen, die mit gewaltigem Gesäge und großen
Lenkradausschlägen durch die Kurven rudern. Diese Operationen gehen
zumeist nur deshalb gut aus, weil das Tempo, das dabei gefahren wird,
so deutlich diesseits aller Limits liegt, daß vorhandene Reserven an
Bodenhaftung und Gutmütigkeit der Autos alle Fehler kompensieren.
Gerade jene aber, mit denen gewissermaßen das eigene Auto spazieren-
fährt, sie singen und sagen vom Sägen so gern.

Drittens und vor allem aber hat Niki Lauda recht, wenn er sagt, daß die
Sägerei im Grunde nichts bringt. Denn auch Richard von Frankenberg
wirft wenig später die Frage auf: wenn nun aber auch das Sägen nichts
mehr nützt? Und antwortet: dann nimmt man einfach das Gas weg. Was
man freilich auch schon vorher hätte tun können.

Somit ist entschieden: sägen soll lieber der Holzfäller. Bleibt noch die

Frage offen, ob man sich in Grenzfällen – also angesichts der Gefahr – mit geschulten Reaktionen besser aus der Affäre zieht, und wie man, wenn das der Fall ist, seine Reaktionen verbessern kann.

Der erste Teil der Frage beantwortet sich von selbst: man kann. Nicht nur dieses Kapitel ist allein auf der Voraussetzung aufgebaut, daß der autofahrende Mensch an sich arbeiten soll – und daß diese Arbeit auf jeden Fall irgendwann einmal Früchte tragen wird. Eine andere Seite dieser Frage ist, wo für den Normalfahrer die Grenzen dieses Lernens, Übens und Trainierens liegen.

Es wurde in diesem Buch schon mehrmals angedeutet: man sollte diese Grenzen realistisch ziehen. Auf der einen Seite gibt es zwar viel zu viele Autofahrer, die das rein Handwerkliche dieses Metiers nur höchst unvollkommen beherrschen, auf der anderen Seite wäre es unsinnig, den Stellenwert, den das Autofahren im Leben eines normalen Menschen hat, höher als bisher schrauben zu wollen – man würde damit nur der Lächerlichkeit anheimfallen und den Zug der Zeit vollkommen verkennen.

Es zeigt sich immer wieder, daß in Grenzsituationen – die dann leider häufig zu Unfällen führen – nicht allein die mangelnde manuelle Perfektion das Entscheidende ist, sondern daß die Betroffenen auch rein gedanklich nicht im geringsten auf eine Gefahrensituation eingestellt sind – sie sind dann im mehrfachen Sinne des Wortes betroffen.

Dabei wäre es leichter, Tag für Tag ein paar einschlägige Gedanken an die Gefährlichkeit des Autofahrens zu verwenden, als etwa am Wochenende Kurven zu üben. Wirklich berührt von der Problematik des Straßenverkehrs sind wir bedauerlicherweise nur dann, wenn wir Augenzeugen eines schweren Unfalls gewesen sind – dann schwören wir uns, aufzupassen und immer wieder aufzupassen und jede Faser unseres Ichs dafür einzuspannen, daß uns (und unserer Umgebung) nicht ähnlich Schreckliches widerfährt.

Daß derlei Gelöbnisse nicht lange vorhalten, ist bekannt. Es wäre auch schlimm um uns bestellt, müßten wir unser Handeln tagein, tagaus unter dem seelischen Druck von Schreckensbildern vollziehen.

Nicht die Angst sollte deshalb unser Tun bestimmen, sondern lieber die Vernunft. Angeblich gehört es zu den ganz besonderen Vorzügen des Menschen, täglich mit ihr zu leben – warum tun wir's also nicht? Vernünftig wäre es zum Beispiel, sich auch der Autobahn beim Überholen in einer Linkskurve vorzustellen, was jetzt geschähe, käme uns aus der Gegenrichtung ein schleuderndes Fahrzeug über die Leitplanken entgegengeschossen – oder nein, das mag kein sehr motivierendes Beispiel sein. Stellen wir uns lieber vor, wenn uns jemand zu knapp überholt, was passiert wäre, hätte er das noch etwas knapper getan – wäre da am rechten Straßenrand für uns noch Platz gewesen? Hätten wir überhaupt einen Fluchtweg gehabt?

Solche Überlegungen sollte man keineswegs verdrängen, sondern ganz im Gegenteil kultivieren. Es kommt vielleicht eines Tages wirklich der Augenblick, da wir in die Enge getrieben sind, zum Beispiel durch einen Zusammenstoß knapp vor uns: finden wir dann in Sekundenschnelle die richtige Lücke? Ist es uns klar genug und haben wir es auch oft genug bedacht, daß der Weg in die Wiese auf jeden Fall sicherer ist als die Landung am nächsten Baum? Haben wir – auf freier Landstraße – schon einmal die vorbeifliegende Böschung unter dem Aspekt betrachtet, wie wir im Notfall auf ihr hinunterrodeln könnten? Erwarten wir – was man immer tun sollte – hinter jedem haltenden Autobus das plötzlich hervorlaufende Kind?

Im Ernstfall nämlich stehen uns immer nur Sekunden oder gar Sekundenbruchteile zur Verfügung. Und es hängt keineswegs allein von unserem physiologischen Können, sondern vielleicht sogar noch mehr von unserer Einstellung zum Autofahren ab, ob wir in dieser kurzen Zeitspanne richtig, halbwegs richtig oder zumindest nicht extrem falsch reagieren.

Die Reaktionszeit selbst (fälschlich oft auch Schrecksekunde genannt, obschon sie in Wahrheit viel kürzer ist und normalerweise zwischen 0,3 und 0,6 Sekunden liegt) kann niemand wegtrainieren. Wohl aber kann man sich darauf vorbereiten, was hinterher zu geschehen hat. Und wie man es bewerkstelligen müßte, im Grenzbereich diesseits der Katastrophe zu bleiben.

Sonst nämlich müßten wir die andere Alternative in Kauf nehmen: das Warten auf den letzten großen Aufprall.

Die Ballade vom Erlkönig

Durch Winter, Nacht und Nebel

Warum Autos, die für die Öffentlichkeit noch nicht existieren dürfen, Erlkönige heißen, ist hinlänglich bekannt: sie fahren so spät durch Nacht und Wind.

Die Testfahrer, die an ihren Lenkrädern sitzen, suchen einerseits die Einsamkeit, die Verborgenheit und das schützende Dunkel, andererseits aber die Extreme: bizarre Landschaften, ausgefallenes Klima, Wüstenhitze und Polarnacht, Schnee und Kälte – und womöglich sogar noch Glatteis dazu, damit sie ihre Fahrzeuge besser beurteilen können. Und von diesen Expeditionen gibt es so manche Ballade zu erzählen.

Uns Normalfahrern hingegen wird immer wieder angeraten, wir sollten Schnee und Glatteis nicht so schrecklich dramatisch nehmen, sondern getrost an die fahrtechnische Tatsache denken, daß sich im Winter im Vergleich zum Sommer ohnedies nichts ändert – höchstens der Reibungskoeffizient.

Genausogut könnte eine Ehefrau, die sich wintertags den Wagen ihres Mannes ausborgt und ihn dann leicht zerknittert zurückbringt, den trostreichen Kommentar abgeben: mach' Dir nichts draus, es war nur der Reibungskoeffizient.

Auch der schwedische Ex-Rallyefahrer Erik Carlsson, der mit Pat Moss verheiratet ist und mit ihr zusammen ein Buch über meisterliches Autofahren geschrieben hat, meint entwaffnend, daß man auf Schnee und Eis überhaupt nichts zu fürchten brauche. Sogar die Fahrer schwerer Omnibusse brächten es fertig, mit ihren ungefügen Fahrzeugen durch Schnee und Eis zu kommen.

Er sollte sich einmal an einem Skiwochenende auf die Wiener Südautobahn begeben und dort mitansehen, wie tausend Ausflügler bei Tempo 60 oder 80 mit ihren Pkws verzweifelt gegen den schlüpfrigen Schneematsch ankämpfen, während die Lenker der schweren Reiseomnibusse mit ihren ungefügen Fahrzeugen bei Tempo 120 (was natürlich verboten ist) auf der Überholspur den Pisten des Semmerings entgegenbrausen und dabei Berge von Dreck auf die Zurückbleibenden werfen. Schuld ist übrigens auch hier nur der Reibungskoeffizient – der Schlingel hält es einfach mit den mächtigen Zwillingsreifen der Autobusse und mit dem mehrfachen Tonnengewicht, das auf ihnen lastet.

Nein, man soll die Gefahren des Winters und überhaupt aller unwirtlichen Straßenverhältnisse zwar nicht dramatisieren – aber erst recht nicht soll man sie unterschätzen und drauflosfahren, als sei es Sommer und trocken und der allerschönste Tag.

Nehmen wir zum Beispiel nur den Regen, der zweifellos ein relativ harmloser Witterungsgast auf unseren Straßen ist, und halten wir uns vor Augen, was da in jüngster Vergangenheit sich alles geändert hat – denn in den Fahrfibeln und Autoratgebern der sechziger Jahre ist beispielsweise von Aquaplaning noch nirgendwo die Rede.

Geändert hat sich tatsächlich vieles. Zum ersten sind unsere Straßen laufend breiter geworden und damit auch flacher – denn bombiert werden sie ja bekanntlich seit Jahrzehnten nicht mehr. Zum zweiten haben sich die Reifen unaufhörlich in die Breite entwickelt – und je breiter ein Reifen, desto schlechter wird er mit dem Aquaplaning fertig. Und zum dritten sind, wenn man's genau nimmt, auch die Durchschnittsgeschwindigkeiten gestiegen. Die Masse der Durchschnittsautofahrer ist heute flotter unterwegs als etwa vor zehn oder zwanzig Jahren ohne jegliche Geschwindigkeitsbegrenzung.

Alle diese Umstände begünstigen das Aquaplaning, das man als wasserskiähnliches Aufgleiten des Reifens auf einer aufgestauten Wasserfläche bezeichnen könnte. Man kann dagegen im Grunde nur eines tun – in weiser Voraussicht langsamer fahren und, sofern man die Pfütze mit nur einem Rad erwischt hat – was besonders unangenehm ist – das Lenkrad festhalten und korrigieren. Erst wenn die Pfütze überstanden ist, gibt man wieder Gas.

Man kann allerdings noch etwas tun: eine genau gezielte Reifenwahl treffen. Gegenüber dem Phänomen des Aquaplanings verhalten sich sogar anerkannte Qualitätsreifen viel unterschiedlicher als in bezug auf andere Kriterien. Man muß eben wissen, was man bevorzugt. Nachlesen sollte man darüber in den Testberichten von Fachzeitschriften – sonst nirgends.

Den übrigen Feindseligkeiten des Regens kann man relativ leicht begegnen, ja es ist eigentlich gar nicht einzusehen, weshalb mitunter in Städten, wenn ein kleiner Regenguß niedergegangen ist, der Verkehr fast zum Erliegen kommt – mit anständigen Reifen ist das Dahinkriechen nämlich vollkommen unmotiviert. Ein kleiner Abstrich vom normalen Tempo würde reichen – und die Sicherheit trotzdem nicht gefährden. Wenn der Regenguß allerdings so heftig ist, daß er einem die Sicht nimmt, ist natürlich Behutsamkeit am Platze.

Neben anständigen Reifen braucht man für Regenwetter und nasse Straßen daher auch gute Scheibenwischerblätter. Und – was bei den Tankstellen unverständlicherweise viel zu selten angeboten wird – ein schlierenbekämpfendes Klarsichtmittel in die Scheibenwaschanlage. Übergenaue gehen sogar so weit, sich die Windschutzscheibe unter allen Umständen selbst zu reinigen, damit einerseits kein fremdes Silikon aufs Glas kriechen und andererseits auch kein Staubkörnchen hineingerieben werden kann. Noch strenger sind übrigens die Bräuche einer britischen Waschanleitung, laut der man für Windschutzscheiben und Fenster niemals einen Schwamm, sondern immer nur Wildleder sowie ein Stück Musselin, dem man durch Waschen die Appretur genommen hat, verwenden darf – allerdings auch erst dann, wenn aller Staub bereits durch Einweichen und Abspülen allein durch den Druck des Wassers entfernt worden ist. Was noch in dieser Waschanleitung steht: Windschutzscheiben kann man überhaupt nicht oft genug reinigen. Zweimal am Tag (jeweils Innen- und Außenseite) ist gerade recht.

Darüber kann man natürlich lächeln. Aber wenn man bedenkt, mit welcher Affenliebe so mancher an seinem Auto hängt (und wieviel Zeit er überflüssigerweise in diese Liebe investiert), dann sind Eskapaden zugunsten der guten Sicht die dümmsten bestimmt nicht.

Besonders nachts ist gute Sicht wichtig – zumal ein Gutachtergremium unter Federführung des deutschen Bundesgesundheitsamtes festgestellt hat, daß sich mit Beginn der Dämmerung auch die Sehschärfe der sonst sehfesten Verkehrsteilnehmer kontinuierlich eintrübt. Wenn die erste Stunde des neuen Tages anbricht – so heißt es in diesem Bericht –, kann sich die Sehschärfe eines Autofahrers im Extremfall um 80 Prozent verringert haben.

Es ist die Frage, was sich mit diesen Feststellungen der Augenwissenschaft anfangen läßt. Jedenfalls sollte es niemand dabei bewenden lassen, bei langen Nachtfahrten nur ab und zu Scheinwerfer und Rücklichter zu putzen und sich im übrigen den Schlaf aus den Augen zu reiben. Man sollte des Nachts zumindest mit größerem Sicherheitsabstand unterwegs sein, denn auch die Gefahr, Entfernungen falsch einzuschätzen, ist nachts bedeutend größer als bei Tag. Im Grunde muß jeder selbst wissen, ob er besser bei Tag oder Nacht unterwegs ist; es hängt nicht zuletzt von seinen Lebensgewohnheiten ab.

Wenn zur Dunkelheit der Nebel tritt, kommt zum schlechten Sehen noch ein weiterer Nachteil hinzu: daß man ebenso schlecht gesehen wird. Man könnte das für eine Binsenweisheit halten, würden nicht nach wie vor – tagsüber – ungezählte Autofahrer im Nebel lediglich mit Standlicht statt mit Abblendlicht unterwegs sein und würde nicht des Nachts im Nebel so unvernünftig schnell gefahren werden.

Es mag wohl stimmen, daß der eine oder andere im Nebel besser zu sehen vermag als die Mehrzahl seiner Mitbürger – aber dann sollte er diese Fähigkeit trotz allem nicht auf öffentlichen Verkehrswegen ausprobieren. Auch unter jenen 184 Autolenkern, die auf der Autobahn Heilbronn–Stuttgart in eine Massenkarambolage im Morgennebel verwickelt worden sind, waren sicher etliche, die ihr Nebelsehvermögen überdurchschnittlich hoch einschätzten. Hat es ihnen was genützt?

Vor allem sollte man jeden, der dermaßen phantastisch sieht, durchaus neidlos ziehen lassen. Es hat keinen Sinn, sich an die Rücklichter eines Mutigen zu hängen, wenn dieser Wundersichtige so schnell fährt, daß man in dem Bestreben, seine Hecklichter nicht zu verlieren, auf kürzere Distanz heranmuß, als man im Notfall als Bremsstrecke brauchen würde. Wobei man sich immer vorzustellen hat, daß der Mutige plötzlich gegen ein feststehendes Hindernis knallt und nicht kontinuierlich zu bremsen beginnt.

Eine peinliche Überraschung erlebt man gewöhnlich, wenn man plötzlich inmitten einer Kolonne im Nebel das Gefühl hat, schneller sein zu können, als der Anführer der Schlange. Abgesehen davon, daß man zumeist erst in der Rolle des Leithammels erkennt, wie schwierig es ist, sich als erster einen Weg durch den Nebel zu bahnen, sollte man auch das Risiko, das man beim Überholen in Kauf nimmt, nicht unterschätzen. Auf Landstraßen insbesondere sollte man sich bezähmen und auf keinen Fall überholen, denn oft wird der Nebel, nachdem er ein bißchen nachgelassen hat, noch während des Überholvorgangs wieder dichter, so daß man den Gegenverkehr erst im allerletzten Moment erkennt und es unter Umständen dann kein Ausweichen mehr gibt.

Immer wieder erlebt man solche Situationen und hat das untrügliche Gefühl, daß es dem Überholer dabei durchaus nicht wohl in seiner Haut ist, daß er das Wahnwitzige seines Tuns erkennt, aber das prickelnde Manöver rasch noch zu Ende führen will. Dem Vater grauset's . . .

Eine andere Sache ist es, wenn man im Autobahnnebel von hinten auf eine Kolonne aufläuft – hier kann wohl niemand etwas dagegen einwenden, wenn man sich behutsam vorbeitastet und anschließend voraus entfleucht.

Fahrbahnmarkierungen verdienen als Sichthilfe im Nebel nur beschränktes Vertrauen, und zwar deshalb, weil der Abstand zwischen Markierungsstrichen oder Begrenzungspfählen nicht nur von Land zu Land, sondern mitunter auch von Straße zu Straße variiert. Der österreichische Verkehrsexperte Dr. Hermann Knoflacher findet sogar, daß schnelles Zählen von Mittelstrichen den Fahrer überfordern kann. Er schlägt deshalb vor, sobald ein markanter Punkt am Straßenrand aus dem Nebel auftaucht, mit »einundzwanzig« zu zählen zu beginnen. Frühestens bei fünfundzwanzig darf man diesen Punkt dann passieren. Wer's eher tut, ist zu schnell und fällt garantiert eines Tages den düsteren Umtrieben des Erlkönigs zum Opfer.

Zwei Dinge noch gehören zu diesem Thema: daß man vor längeren Fahrten, wenn Nebel angesagt ist, von vornherein eine gewisse Zeitreserve einkalkuliert. Nur dann gerät man unterwegs nicht unter Druck. Schon mancher ist in den Nebel (und ins Verderben) gerast, weil er glaubte, einen Termin einhalten zu müssen.

Zweitens, und das ist nur eine kleine Bitte: Schalten Sie Ihre Nebelschlußleuchte nicht schon ein, wenn zwar das Bordradio Nebel prophezeit, die Sicht aber in Wirklichkeit noch tadellos ist. Oft sieht man ganze Herden von Autofahrern, die ihr Prachtstück überflüssigerweise leuchten lassen und damit nur Blendungseffekte erzielen.

Die übelste Witterungskombination freilich, die man am Lenkrad antreffen kann, ist Nebel, der sich mit Glatteis paart. In diesem Falle dauert es zumeist nicht lang, bis es irgendwo in der Erbsensuppe kracht, und fast immer trifft es die beteiligten Lenker überraschend: sie haben nämlich noch gar nicht gemerkt, wie glatt es geworden ist.

Wer nicht selbst schon einmal nichtsahnend aus dem Auto gestiegen und im nächsten Augenblick auf der Nase gelegen ist, wird vermutlich nicht glauben, daß man im Auto relativ weite Strecken – vor allem auf der Autobahn – zurücklegen kann, ohne den Glatteiseinbruch überhaupt wahrzunehmen.

Das ist auch kein Wunder, wenn man hört, wie Versuchsfahrer beginnende Glätte diagnostizieren: »Wenn die Reifen auf schrille Weise zu singen anfangen« oder sich »auf bislang nasser Straße tennisballgroße Flecken bilden.« Da muß einer schon ziemlich routiniert sein, um solche Anzeichen zu erkennen.

Man sollte eben auch hier vorausdenken und sich ein wenig damit beschäftigen, wo und wann Glatteis überhaupt drohen könnte. Stellen, die im Schatten liegen, und frühe Morgenstunden, die üblicherweise die Temperaturen zusätzlich um ein bis zwei Grad sinken lassen, sind besonders glatteisanfällig. Der prüfende Tritt auf die Bremse ist dann allerdings nicht das ideale Mittel, Glatteis festzustellen. Ebensowenig das abrupte Einschlagen der Lenkung. Beides kann nämlich mit einer unfreiwilligen Rutschpartie enden.

Man schaltet am besten vorsichtig in den kleineren Gang zurück und gibt dann ein wenig Gas. Entweder das Auto beschleunigt wie immer – dann herrscht noch keine Glatteisgefahr. Oder die Räder drehen durch – dann weiß man, wieviel es geschlagen hat.

Daraus folgt aber auch, wie man auf glatter Bahn fahren soll: möglichst im nächsthöheren Gang, ohne ruckartiges Einkuppeln, mit gefühlvollem Gasfuß und sanften Lenkbewegungen. Gefühlvoll Gas zu geben, gelingt im übrigen nur mit leichterem Schuhwerk. Schwere Winterstiefel, die zwar der Jahreszeit angemessen sein mögen, taugen für den Eiskunstlauf auf vier Rädern am allerwenigsten.

Das gilt natürlich auch für das Bremsen auf glatter Unterlage – einem Problem, mit dem wir uns schon im vierten Kapitel ausgiebig beschäftigt haben. Hier sei nur wiederholt, daß gefühlvolles Bremsen (ob nun Stotterbremse oder nicht) jedenfalls besser ist als noch so vorsichtiges Hinunterschalten.

Gerät man auf Glatteis ins Schleudern, hilft Gegenlenken – genau wie es im siebenten Kapitel (dem vom Sägen) beschrieben ist. Allerdings sollte man auf Glatteis zudem noch auskuppeln.

Im Bremsenkapitel haben wir außerdem davon gesprochen, welche Lernvorteile ein großer, leerer, leichtverschneiter Parkplatz zu bieten vermag. In logischer Konsequenz könnte man sogar den ganzen Winter als derartigen Lehrbehelf auffassen, wäre es nicht, wie gesagt, vom normalen Autofahrer zu viel verlangt, all die Unbill der kalten Jahreszeit gewissermaßen als Anbahnungshonorar für ein wärmeres Verhältnis mit dem Reibungskoeffizienten in Kauf zu nehmen. Immerhin lernt man im Winter, daß ein kleiner Rutscher noch kein Malheur sein muß. Und wer durchhält, kann im April mit großer Wahrscheinlichkeit besser Autofahren als im Dezember.

Ratschläge für den Autowinter gibt es übrigens sonder Zahl – das fängt beim Feuerzeug unterm Türschlüssel an (das man modernerweise durch eine Enteiser-Spraydose mit dünnem Plastikröhrchen ersetzt) und hört bei der Handbremse, die man in kalten Nächten bekanntlich unangezogen lassen soll, noch lange nicht auf.

Nur die allereinfachsten, elementarsten Dinge, die sich seit Jahrzehnten als sinnvoll erwiesen haben, scheint das Auto fahrende Volk offenbar höchst ungern zu praktizieren – wie käme es sonst, daß fast jeder zweite

Autolenker morgens mit dickvereister Rundumverglasung in den Verkehrsalltag startet, wie auch, daß es jedermann verschmäht – obwohl noch immer mehr als die Hälfte aller Autos angetriebene Hinterräder hat –, nach Väterbrauch für den nötigen Ballast im Kofferraum zu sorgen. Die zwei Minuten für den Eiskratzer (der durch alle Sprays und Scheibenheizungen der Welt nicht zu ersetzen ist) sollte jeder aufbringen – und ebenso sollte sich niemand genieren, Ende November drei oder vier 10-Kilo-Sandsäcke in den Kofferraum zu legen und vielleicht auch noch ein Schaufelchen dazu. Die Schaufel wird sich, so Gott will, als überflüssig erweisen – der Ballast aber niemals, denn er ist ein unübertroffenes Hausmittel gegen die Tücken des besagten Reibungskoeffizienten. Alpenbewohner sind in diesem Belang übrigens weit weniger zartbesaitet: vor dem berüchtigten Zirler Berg bei Innsbruck zum Beispiel haben Anhalter wintersüber jedwede Chance, vom nächstbesten Auto mitgenommen zu werden – allerdings müssen sie sich zunächst in den Kofferraum bequemen. Um es noch einmal zu sagen: es geht hier nicht um extreme alpine Steigungen. Der Sack im Kofferraum hilft auf jeder innerstädtischen Trambahnschiene.

Aus dem Gesagten ergibt sich von selbst, daß Autos mit Vorderradantrieb im Winter weit günstiger dran sind. Nicht allein, weil das Gewicht des Motors freundlicherweise auf ihren Antriebsrädern lastet, sondern auch deshalb, weil die ziehende Wirkung dieser Räder ganz automatisch für besseren Geradeauslauf sorgt. Sogar wenn sie durchdrehen und daher keine Seitenkräfte mehr übertragen können, bleiben sie normalerweise noch in der Spur – worauf die von allen Antriebskräften freien Hinterräder das Heck um so problemloser nachführen können.

Aus diesem Grund ist es bei Autos mit Vorderradantrieb richtig, Gas zu geben, wenn man – etwa beim Überholen – in widerspenstigen Schneematsch gerät – wohingegen man mit angetriebenen Hinterrädern in dieser Situation zumeist Gas wegnehmen und Gegenlenken muß.

Heckmotorautos sind zwar unschlagbar, wenn es darum geht, glatte Steigungen zu erklimmen, aber ansonsten bieten sie im Winter keine Vorteile. Im Gegenteil: sie sind wegen ihrer mangelnden Richtungsstabilität und ebenso wegen ihrer Empfindlichkeit gegen Spurrillen äußerst heikel zu fahren. Für Spurrillen, wie sie nach längerem Schneefall auftreten, gilt überhaupt das Gesetz der Eisenbahnschiene: man sollte sie möglichst nicht verlassen. Wer dennoch überholen will, muß weich und allmählich in den ungespurten Schnee hineinwechseln. Auf keinen

Fall darf er sich verleiten lassen, zu früh wieder auf die rechte Fahrbahnhälfte zurückzuscheren. Schnee bremst. Man hört es, wenn der Überholte dann doch der Schnellere war und hinten anbumst.

Schneeverwehungen und Randhügel, die der Schneepflug aufgeworfen
hat, nimmt man mit Schwung und zielbewußt festgehaltener Lenkung.
Bleibt man trotzdem hängen und das Auto sitzt im Schnee auf, hilft nur
die Schaufel. Ansonsten kann man sich aus weißen Fallen bekanntlich
freischaukeln, sofern man rasch genug zwischen erstem Gang und Rück-
wärtsgang hin und her zu wechseln versteht. Angenehmer ist es natürlich, wenn Mitfahrer oder Passanten diese Schaukelei übernehmen. Vorsicht übrigens beim Parken am winterlichen Straßenrand: wenn irgendwie möglich, sollte man bereits vorher einkalkulieren, wie man hinterher wieder herauskommt. Und falls es ein längerer Parkvorgang werden
soll und die Straße abschüssig ist: stellen Sie Ihren Wagen so hin, daß er
notfalls durch Bergabrollen gestartet werden kann.

Denn das Starten im tiefen Winter hat mitunter seine Probleme. Vor
allem dann, wenn der Fahrer die Betriebsanleitung nicht gelesen hat und
womöglich schon den normalen Kaltstart nicht beherrscht.

Es gibt eiserne Regeln, die in der Klimakammer bei minus 25 Grad
ausprobiert worden sind und mehr oder weniger für alle Autos gelten.
Sie lauten:

1. Nicht gedankenlos den Zündschlüssel einstecken und umdrehen, sondern vorher überlegen, wie's richtig geht.
2. So geht's richtig: Zündung einschalten, zweimal langsam das Gaspedal bis zum Anschlag durchdrücken und wieder behutsam zurücknehmen.
3. Jetzt erst, so vorhanden, den Chokeknopf (ganz!) herausziehen
   (ansonsten schaltet sich die Starthilfe-Automatik ohnedies beim Gasgeben ein).
4. Dreißig Sekunden warten, dann Auskuppeln und den Zündschlüssel
   zum Starten drehen.

Diese 30-Sekunden-Atempause ist deshalb so wichtig, weil die erkalte-
ten Kraftstoffteilchen im Verbrennungsraum sich erst zu einem zünd-
fähigen Gemisch formieren müssen.

Gelingt der Startversuch trotzdem nicht, wird die ganze Prozedur wiederholt. Allerdings sollte man zuvor mindestens ein bis zwei Minuten
verstreichen lassen. Vielfach springen Autos bei Minusgraden nur deshalb nicht an, weil das Startmanöver zu hektisch vorgenommen wird.

Dreht der Anlasser mit gewohnter Kraft und der Motor springt dennoch nicht an, sind Fehler am Vergaser oder an der Zündung wahrscheinlich. Soforthilfen dagegen: ein Starter-Spray (das man allerdings in den Vergaser oder in den Luftfilter zu sprühen verstehen muß) oder ein Anti-Nässe-Spray (das die Feuchtigkeit aus dem Zündverteiler vertreibt).

Leiert der Anlasser nur ganz müde dahin, liegt es an der geschwächten Batterie. Dann hilft nur Anschieben, Bergabrollen, Anschleppen oder – und das am sichersten – das Starthilfekabel eines Pannendienstes.

Die Empfehlung, die Batterie nachts auszubauen, ist ebenso sinnvoll wie der Ratschlag, das Anlegen von Schneeketten im Sommer zu üben: niemand tut es. Im übrigen kann man das Anlegen von Schneeketten überhaupt nicht üben – es ist eine Sache der Weltanschauung. Wer es schätzt, im schmutzigen Straßenschnee zu liegen und sich dabei die Nägel von den eiskalten Fingern zu brechen, bedarf des Übens nicht. Der Rest der Welt leiht Schneeketten entweder aus oder nimmt zwar die eigenen mit, läßt sie aber gegen Bezahlung wohlweislich von berufeneren Händen montieren. Das geht zum Beispiel auf Hebebühnen von Tankstellen schmutzfrei und elegant – und wiegt in jedem Fall die fünf oder zehn Kilometer, die man anschließend vielleicht noch auf schneearmer Straße mit Tempo 50 vertrödeln muß, durchaus auf.

Zum Glück sind Schneeketten ohnedies nur ein allerletztes (in dieser Rolle allerdings durch nichts zu ersetzendes) Auskunftsmittel. Die Allround-Besohlung für das Autofahren im Winter wäre hingegen der Spikereifen – hätte man ihn nicht in weiten Bereichen Mitteleuropas zur Gänze und in den anderen Gegenden teilweise verboten. Das hat zumindest einen unbestreitbaren Nachteil: es wird in einigen Jahren nicht mehr möglich sein, sämtliche Straßenschäden den Spikes anzulasten.

Ein weiterer Nachteil ist, daß alle jene, die Spikereifen nicht zum winterlichen Dahinrasen benutzten – was zugegebenermaßen die Unfälle folgenschwerer werden ließ –, sondern einfach die nächste stärkere Steigung ohne Hängenbleiben nehmen wollten, jetzt Schneeketten montieren müssen.

Denn der heute üblichen Winterreifen, der sogenannte Haftreifen, ist ihnen auf dieser Steigung bestimmt nicht behilflich; er ist im Grunde genommen allein im Flachland von Nutzen, und auch da nur dann, wenn die Temperaturen nicht um die Nullgradgrenze pendeln – denn seine echten thermophysikalischen Fähigkeiten setzen erst ein, wenn die Nase bereits kräftig zu rinnen beginnt.

Viele Autofahrer stellen sich daher die berechtigte Frage, ob der Wechsel von Sommergürtelreifen auf Winterreifen heute wirklich noch lohnt – zumal viele moderne Sommergürtelreifen auch durchaus passable Wintereigenschaften haben und vor allem in stadtnahen Ballungsgebieten mit gut funktionierendem Räum- und Streudienst dem Haftreifen nahezu ebenbürtig sind.

Wenn man andererseits in Betracht zieht, daß die groben Winterprofile (das, was man früher M & S-Profil nannte) heute mit wenigen Ausnahmen nur noch bei Haftreifen angeboten werden, muß man trotz allem wohl zu dem Schluß kommen, daß dieser Reifentyp generell gesehen die beste Möglichkeit bietet, den wechselnden Gefahren winterlicher Straßen zu begegnen – und außerdem gibt es nichts anderes mehr. Eines allerdings ist aktueller denn je geworden: wenn überhaupt Winterreifen, dann unbedingt auf allen vier Rädern. Die einstige Antriebsbestückung an der motorverbundenen Achse (»Zwei Winterreifen genügen mir«) ist endgültig passé.

Fast könnte man nach dem bisher Gesagten zu dem Eindruck gelangen, unsere Autos seien nicht nur nicht wintertauglicher, sondern im Gegenteil Wintermuffel geworden. Aber dieser Eindruck täuscht. Man muß nämlich in Betracht ziehen, daß unsere Ansprüche ins Riesenhafte gewachsen sind – nicht nur wollen wir schneller und sicherer vorankommen, egal ob es Sommer oder Winter ist, wir wollen auch immer weniger Zeit und Mühe darauf verwenden, unsere Autos auf die jeweilige Jahreszeit vorzubereiten. Und obendrein soll die Umwelt nicht darunter leiden. Das läßt wohl jeden, der nachdenkt, gewisse Zäsuren in der technischen Entwicklung in Kauf nehmen.

Die Ballade vom Erlkönig – vielleicht hat sie einen neuen Sinn bekommen. Wir stehen den Unbilden der Natur zwar längst nicht mehr abergläubisch gegenüber. Aber umgekehrt sind wir ebensowenig bereit, für den Generalangriff der Technik unbegrenzt Kriegsanleihe zu zeichnen.

Guter Rat ist niemals billig

Tips, vermischt mit sechstem Sinn

Seit sich herausgestellt hat, daß die Frau zumindest ebensogut (wenn nicht besser) für den Lebenskampf gerüstet ist wie der Mann, getraut sich kein ernstzunehmender Mensch mehr abzustreiten, daß sie mit allerhöchster Berechtigung hinter dem Lenkrad sitzt. Es wagt auch niemand mehr zu bestreiten, daß Frauen (zumindest was die Unfallquote betrifft) die exzellentesten Autofahrer sind – denn nicht nur fahren sie überaus vorsichtig und mit größtem Verantwortungsgefühl, sie fahren auch mit unüberbietbarer Andacht. Sofern sie gar zu den routinierten Automobil-Emanzen zählen, stecken sie jeden Mann in die Tasche.

Das alles ist bekannt, verkehrspsychologisch ausgelotet und überdies in zahlreichen Statistiken festgehalten. Nur: daß vier Damen zusammen in einem Auto immer und überall und in jedem Land der Welt eine weitaus größere Gefahrenquelle sind als jedes Auto fahrende Männerquartett – das steht nirgendwo zu lesen. Kein Psychologe hat es bisher ausgelotet – und trotzdem stimmt es. Man muß sich diese Erkenntnis allerdings durch jahrelange Autofahrerpraxis erwerben. Sie ist kein billig verschenktes Wissen. Aber eines Tages weiß man Bescheid. Und kann sich danach richten.

Was damit ausgedrückt werden soll: es gibt Dinge, die sich wissenschaftlich demonstrieren lassen. Und andere, die man nur durch eigene Erfahrung lernen kann. Die man gewissermaßen er-fahren muß. Sonst bekommt man sie nie in den Griff.

Mit der Zeit entwickelt sich aus der Summe aller dieser Erfahrungen eine Art sechster Sinn – der Verkehrssinn –, und erst in dieser, sagen wir übersinnlichen Umgebung können Ratschläge blühen und gedeihen – sonst fallen sie dürr und trocken aus unserem ohnedies überlasteten Autofahrergedächtnis wieder heraus.

Wenn hier also ein paar Tips zur Sprache kommen, dann nicht etwa in dem Sinn, daß man sie auswendig lernen sollte. Sie sind gewissermaßen nur Saatgut; wenn Nützliches aus ihnen sprießen soll, kommt es weniger auf das Eingraben an als aufs anschließende Gießen.

Schon beim *Abbiegen* scheidet sich die Spreu vom Weizen. Muffel, Träumer oder Ahnungslose fahren undeutlich auf die Kreuzung zu, anstatt – nach einem prüfenden Blick in den Rückspiegel – demonstrativ die Abbiegespur (und sei es auch nur eine gedachte) einzunehmen. Sie blinken grundsätzlich erst dann, wenn sie schon im Einbiegen begriffen sind, geben dafür aber auch erst Gas (obwohl sie im Prinzip eine Lücke im Querverkehr ansteuern), wenn diese Lücke fast schon vorbeigezogen ist. In engen Flaschenhälsen geizen sie niemals mit dem Straßenraum; sie stellen sich prinzipiell so hin, daß niemand mehr an ihnen vorbeikann.

Abschleppen ist, besonders bei modernen Autos, fast schon eine Wissenschaft, weil der stehende Motor alle Servohilfen ausfallen läßt. Drum prüfe, wer sich an einen hilfsbereiten Straßenkameraden bindet, ob er selbst und sein Auto dieses Manöver auch aushalten werden. Insbesondere Automatik-Wagen vertragen (mit einer einzigen Ausnahme) nur noch Schleppdistanzen von 20 bis 30 Kilometern, wobei Tempo 40 womöglich nicht überschritten werden soll. Auf jeden Fall empfehlenswert ist das Einschalten der Zündung, auf daß Blinker, Lichthupe und Bremslichter funktionieren. Die Bremse dient übrigens nicht nur dazu, dem schleppenden Samariter fernzubleiben, sie hält auch das Seil halbwegs straff, wenn man sie mit Gefühl bedient. Früher war Abschleppen eher ein Problem des richtigen Anbindens, heute sind den meisten Autos wenigstens Schleppösen gewachsen. Wenn nicht: je massiver ein Fahrwerksteil, desto besser ist es als Anknüpfungspunkt geeignet. Das Seil soll übrigens niemals diagonal verlaufen, sondern bei beiden Wagen wenn schon nicht in der Mitte, so wenigstens an der gleichen Seite befestigt sein.

Abstand wird heutzutage prinzipiell zu wenig gehalten. Meist geht's nicht anders, denn die alte Faustregel (halbe Tachoanzeige in Metern) ist zumindest im Stadtverkehr unrealistisch geworden. Im Überlandverkehr hingegen gilt sie noch immer – und obendrein sollte man seitlich ein wenig versetzt fahren und auch den Vordermann des Vordermannes (usw.) im Auge behalten.

Über das geziemende *Alter* des Auto fahrenden Menschen sind die Meinungen der Wissenschaftler geteilt. Grob gesprochen gilt folgendes: die Jungen sind zu schnell, die Erfahrenen zu schlampig und die alten Herrschaften zu unkonzentriert unterwegs. Der typische Autoschreck, der auf alle Regeln pfeift (wenn es so etwas überhaupt gibt), ist der Mann in den besten Jahren, der es zu etwas gebracht hat. Schon ab einem Alter von 55, leider, läßt die Konzentration merklich nach, die Vorrangverletzungen häufen sich. Zumeist geschieht das nicht absichtlich, es passiert eben.

Für *Auffahrunfälle* ist typisch, daß auch überaus routinierte Lenker nicht vor ihnen gefeit sind – und sei es nur deshalb, weil sie die Unentschlossenheit anderer zu wenig einkalkulieren oder mit dem auslösenden Erstunfall nicht rechnen. Abhilfe: noch mehr Partnerschaft, nicht nur nach vorn orientiert fahren, sondern auch regen Sichtkontakt mit dem Hintermann halten. Wer gar bei einem Autobahnstau letzter ist, hat mit aller gebotenen Furcht in den Rückspiegel zu schauen und überdies vor sich einen passenden Fluchtweg freizuhalten.

Ein *Aufprall* (jetzt wiederum ganz allgemein gesprochen) mag im Straßenverkehr, wenn man extremes Pech hat, vielleicht nicht zu vermeiden sein. Wohl aber ein Frontalaufprall, und der ist der schlimmste. Also: wenn Bremsen und Lenken nichts mehr hilft – zumindest im letzten Moment die Lenkung verreißen. Denn alles ist besser als den Gegner frontal zu nehmen – sei es ein Baum, ein Haus oder gar ein entgegenkommendes Auto. Meistens aber hilft Lenken. Es ist immer noch ein Herzschlag Zeit dazu. Nichts Tröstlicheres, als sich nachher zu sagen: mit dem Lenken davongekommen, mit dem Leben davongekommen.

Bahnübergänge, ob mit oder ohne Schranken, nimmt man, wenn man langsam ist, flott, und wenn man schnell ist, langsam. Das heißt also: der notorische Bummler hört im Angesicht der (natürlich hochgekurbelten) Schranken ausnahmsweise zu bummeln auf und sputet sich auf die andere Seite. Auch wenn der Wagenkasten dabei einmal aufs Fahrgestell durchschlägt. Der Schnelle wiederum, der mit Tempo 100 daherkommt, bremst nicht nur deshalb gehörig herunter, weil's von den Verkehrszeichen vorgeschrieben wird, sondern auch, um ungefährdet die nötigen Falkenblicke nach beiden Schienenrichtungen zu werfen. Wer vor geschlossenen Schranken halten muß, stellt den Motor ab. Und wer's sofort macht, ist gescheiter.

Beifahrer zwingt man in jedem Fall zum Anschnallen. Man zwingt sie aber nicht dazu (etwa aufgrund der eigenen Fahrweise), ihre Ängste stumm hinunterzuschlucken. Und diese Ängste sind fast in jedem Fall vorhanden. Der ADAC hat zusammen mit den Arbeitsphysiologen der Münchner Technischen Universität festgestellt, daß der Streß des Beifahrers in schwierigen Verkehrssituationen genauso steigt wie der des

Fahrers – nur daß er ihn nicht abreagieren kann. Es gibt zwar Ehefrauen auf dem Beifahrersitz, die auch dann noch äußerlich ruhig bleiben, wenn ihrem chauffierenden Mann plötzlich aus einer Seitenstraße zwei Kinder auf Skateboards vor den Kühler schießen – wenn man aber währenddessen ihre Herzfrequenz und ihren elektrischen Hautwiderstand (um die Schweißnässe festzustellen) mißt, stellt sich heraus: sie leiden unsäglich. Der Rat der Arbeitsmediziner: sich wenigstens am Abend durch Sporttreiben abreagieren!

Bremsenausfall ist heute bei weitem nicht mehr so peinlich wie seinerzeit. Wie haben ja üblicherweise eine Sicherheitsreserve: die Zweikreisanlage. Wer also aufs Pedal tritt, ohne die gewohnte Wirkung zu verspüren, darf damit rechnen, daß zumindest zwei der vier Bremsen intakt geblieben sind. Sind die Bremskreise zwischen vorne und hinten aufgeteilt, so werden bei Ausfall des hinteren Kreises die (zum Glück stärker belasteten) Vorderräder den Bremsweg nur um ein Drittel verlängern, fällt jedoch der bremsaktivere vordere Kreis aus, kann der Bremsweg sich verdoppeln. Ein Kompromiß ist die Diagonalteilung: rechtes Vorderrad und linkes Hinterrad sind in einem Bremskreis zusammengefaßt – und umgekehrt. Wann immer dann ein Kreis ausfällt, bleibt wenigstens eine der beiden Vorderradbremsen aktiv, der Wagen wird vielleicht ein bißchen instabil, aber sein Bremsweg hält sich in akzeptablen Grenzen. Am besten ist es freilich, wenn der eine Bremskreis auf alle vier Räder, der zweite allein auf die Vorderräder wirkt, denn dann bleiben diese Vorderräder in jedem Fall bremsbereit: eine teure, aber optimale Lösung.

Was tut man nun aber, wenn man merkt, daß man ins Leere tritt – egal, welche technischen Defekte dahinterstecken mögen? Die Antwort: pumpen, schalten, parken, schleudern. Oder im Klartext: man pumpt zuerst mit dem Bremspedal – denn mitunter kehrt auf diese Weise der Bremsdruck (und sei es auch nur vorübergehend) zurück. Gleichzeitig versucht man einen möglichst niedrigen Gang hineinzudreschen – oder die niedrigste Automatikfahrstufe zu erwischen. Als Drittes bleibt der Griff zur Handbremse, die man ja normalerweise nur beim Parken verwendet (Vorsicht: Handbremsen wirken – so sie es überhaupt tun – zumeist nur auf die Hinterräder, was eine Drehung des Wagens auslösen kann). Und viertens: Verreißen der Lenkung. Leitplanken oder parkende Autos sind immer noch besser als Hauswände oder entgegenkommende Autos.

Einfädeln in fahrende Kolonnen kann man sich nur dann, wenn man, ohne vorher stehenzubleiben, im richtigen Augenblick Vollgas gibt. Zu diesem Zweck sind die Beschleunigungsstreifen der Autobahneinfahrten eigentlich angelegt, aber sie werden nur selten in diesem Sinn verwendet. Im Gegenteil: man könnte sie für Parkstreifen halten. Denn die meisten Ankömmlinge bleiben zunächst einmal stehen, warten und warten und lenken schließlich mit dem Mut der Verzweiflung aus dem Stand heraus in die schnellere Fahrspur hinein – womit sie den nächsten Daherkommenden zur Gewaltbremsung zwingen.

Das *Einfahren* eines Motors ist heute zwar nicht mehr in dem Sinne aktuell, daß man während der ersten 2000 oder 3000 Kilometer eines Autos in bestimmten Gängen bestimmte Geschwindigkeitsgrenzen einhalten müßte, sicher ist aber, daß Vollgasfahren von der ersten Stunde an auch heute noch den Motoren schadet. Zügiges, schaltfreudiges Fahren hingegen mit häufig wechselnden Geschwindigkeiten ist von Vorteil für jenen Prozeß, bei dem sich zueinandergehörige Metallteile im direkten Zusammenspiel gegenseitig anpassen und glätten.

Der richtigen *Ernährung* des Autofahrers sind schon viele aufklärende Worte gewidmet worden – man kann sie allesamt dahingehend zusammenfassen, daß seine gesündeste Verpflegung genau die ist, die er ohnedies schon von jeher bevorzugt: gelegentliches Naschen aus mitgenommenen Proviantvorräten. Obst, Kekse, Schokolade, eine Wurstsemmel – nichts ist dagegen einzuwenden. Hingegen sollten reichliche Mahlzeiten vor Antritt und auch im Verlauf der Fahrt vermieden werden, da sie müde machen.

Allerdings: nicht nur ein überfüllter Magen führt durch erhöhte Blutzirkulation im Verdauungstrakt zu verminderter Durchblutung des Gehirns und damit zu erhöhter Ermüdungsgefahr – auch Hunger mindert die Leistungsfähigkeit. Lassen Sie daher auf längeren Strecken keine gewohnte Mahlzeit aus – aber essen Sie weniger. Daß Alkohol mindestens 10 Stunden vor Antritt einer Fahrt gemieden werden sollte, ergibt sich daraus, daß pro Stunde nur 0,1 Promille Alkohol im Blut abgebaut wird.

Die *Fahrspur* nicht nur verläßlich einzuhalten, sondern sie gegebenenfalls auch gekonnt zu wechseln, ist eine Fertigkeit, die man durchaus zur Hohen Schule des Fahrens rechnen sollte. Der Pariser kann's – nicht selten um den Preis zerknitterten Blechs. Der Amerikaner kann's auch – weil ihm die Uniformität seines Verkehrsbreies dabei zu Hilfe kommt.

Die echte Lösung liegt wahrscheinlich irgendwo in der Mitte. Immerhin kann man mit etwas Routine jeder Fahrspur ihre nächste Zukunft voraussagen: wenn rechts Parklücken kommen, wird dort sicherlich jemand stehenbleiben wollen, um einzuparken, und wenn eine stark frequentierte Kreuzung mit Linksabbiegespur näherkommt, ist in dieser Spur mit großer Wahrscheinlichkeit ein Rückstau zu erwarten. Wer die Augen offen hält und vorausdenkt, weiß genau, in welcher Spur er am flottesten vorankommt.

Fernreisen belasten, wie jedermann weiß, den Autofahrer in ganz besonderem Maße – und töricht wäre es dann, Müdigkeit durch stramme Haltung überwinden zu wollen. Ein erstes Alarmzeichen ist meistens das Gähnen, ein letztes die Zwangsvorstellung, nur eine einzige Sekunde lang die Augen schließen zu dürfen. Wer dann nicht sofort den nächsten Parkplatz ansteuert, wacht erst wieder während der Anfangsphase jenes Unfalls auf, in den er garantiert verwickelt wird – oder überhaupt nicht mehr. Folgender Pausenrhythmus, sagen die Ärzte, sollte deshalb eingehalten werden: nach einer Stunde Fahrt fünf Minuten Unterbrechung (was insofern keine Übertreibung ist, als mehr als ein Drittel aller Unfälle auf Urlaubsfahrten relativ früh passiert – und dann erst wieder nach sieben bis acht Stunden). Nach drei Stunden Fahrt: 10 Minuten Pause. Nach fünf Stunden Fahrt: 20 Minuten Pause. Nach 7 Stunden Fahrt: 40 Minuten Pause. Nach zehn Stunden Fahrt sollte unbedingt eine Übernachtung eingeplant werden.

Während der Pausen ist Bewegung wichtig: man sollte laufen, sich beugen, die Beine ausschütteln, Kopf und Schultern kreisen lassen und einige Male ganz tief ausatmen: so wird der Kreislauf angeregt und durch die Versorgung des Gehirns mit sauerstoffreichem Blut die Müdigkeit vertrieben.

Gegen *Feuer* im Auto kann man nur dann Vernünftiges unternehmen, wenn man einen entsprechenden Handfeuerlöscher (mit Trockenlöschpulverfüllung von mindestens 2 kg Gewicht) griffbereit hat. Auch dieser freilich wirkt nicht länger als 10 bis 15 Sekunden, weshalb man schnell und zielbewußt handeln muß und am besten mit kurzen Sprühstößen gegen den Brandherd vorgeht. Feuerlöscher wollen zumindest alle zwei Jahre überprüft sein.

Wenn das *Gaspedal* klemmt (was schon öfter vorgekommen ist, als man glauben möchte): auskuppeln, bremsen, eventuell auch das Pedal mit der Fußspitze wieder heraufzuheben versuchen. Jedenfalls greift man nicht zum Zündschlüssel und dreht ihn – denn sonst rastet die Lenkrad-sperre ein.

Glasbruch liegt vor, wenn ein scheinbar unmotivierter Knall den Lenker zu Tode erschreckt und die eben noch glasklare Windschutzscheibe sich mit milchigen Mäandern überzieht. Die Ursache ist meistens Stein-schlag vom Vordermann (wobei man sich vor allem vor den ungeschütz-ten hinteren Zwillingsreifen erdverkrusteter Baufahrzeuge hüten sollte), die Abhilfe eine neue Windschutzscheibe. Hingegen ist es nicht nötig, die teilweise erblindete Scheibe noch während der dramatischen Ereignisse sofort und mit entschlossener Faust vollends zu durchstoßen – denn im Einschicht-Sicherheitsglas bleiben ohnedies sogenannte Sichtinseln übrig und beim Verbundglas wird überhaupt nur die Auf-schlagstelle zerkrümelt. Damit findet man auch ohne sechsten Sinn zur nächsten Werkstätte.

Autofahren im *Gebirge* ist heute auch für den Flachlandbewohner kein Mysterium mehr: weil er erstens weiter als früher in der Welt herum-zukommen pflegt und daher auch mehr Erfahrung hat – und weil zwei-tens die Autos heutzutage mehr verkraften. Der Trick des guten Berg-fahrens ist nach wie vor, mit weniger Gas, aber höherer Drehzahl als sonst durchzukommen. Das heißt also: fleißig in den niedrigeren Gang schalten. Bergab wie bergauf sollte der Gang übrigens vor der Kehre geschaltet sein – Haarnadelkurven verlangen konzentriertes Lenken und kein suchendes Herumwühlen im Getriebe. Überhitzte Motoren kühlen bekanntlich dann am besten ab, wenn man sie im Leerlauf noch fünf bis zehn Minuten weiterlaufen läßt – nicht, wenn man sie abstellt. Über-hitzte Scheibenbremsen brauchen 5 Minuten, überhitzte Trommel-bremsen 15 Minuten zur Erholung. Bergab immer mit demselben Gang unterwegs zu sein, wie er auch bergauf an dieser Stelle passen würde – das stimmt oft nicht mehr ganz. Heute fährt man lieber um einen Gang niedriger bergab als bergauf. Und wenn Sie Ihr Auto irgendwo auf einer Bergstraße abstellen: Vorderräder zum Berg hin einschlagen, auch ein blockierender Stein vor einem der vier Räder hat noch nie geschadet.

Daß der Autofahrer im *Gewitter* nichts zu fürchten hat, ist eine unüber-legte Floskel – obwohl ihn das Blechgehäuse der Karosserie tatsächlich wie ein Faradayscher Käfig vor äußeren elektrischen Feldern abschirmt. Blitz und Donner können den Lenker jedoch gewaltig irritieren – wes-halb nur weiterfahren sollte, wer seinen Wagen auch unter diesen Umständen beherrscht. Ansonsten: anhalten, aber nicht ausgerechnet

an exponierter Stelle. Ob die ausgefahrene Autoantenne Gefahr bedeutet, ist nicht ausreichend untersucht. Daher: lieber einziehen.

Die Wirkung der *Handbremse* auf das fahrende Auto wird zumeist überschätzt – sie ist üblicherweise (dank schwächlicher Auslegung und mangelnder Pflege besagter Apparatur) so gering, daß selbst ungleiches Ziehen rechts und links nicht viel ausmacht. Immerhin sollte eine Handbremse (oder Feststellbremse) wenigstens in der Lage sein, einen vollbesetzten Wagen auf Steigungen sicher zu halten. Diesen Wunsch beim Service durchzusetzen, sollte für jeden Autofahrer eine Selbstverständlichkeit sein.

Weshalb der *Hund* in vielen Fällen so gern Auto fährt, dafür haben Verhaltensforscher eine einleuchtende Erklärung: das Vorbeiziehen der Szenerie ist für ihn ein rudimentäres Jagderlebnis. Gibt er sich diesem Erlebnis derart leidenschaftlich hin, daß er dabei den Lenker stört, bedeutet er Gefahr und sollte eigentlich zu Hause bleiben. Denn Anleinen hilft nicht: sogar angebundene Hunde vermögen Unfug zu stiften, der unter Umständen auch Unbeteiligten Schaden bringen kann. Hinge-

gen sollten Hunde im Auto eine lose Leine unbedingt umhaben: damit
man sie in Notfällen und überhaupt beim Türeöffnen sofort in den Griff
bekommt.

Sobald sie einen anderen Autofahrer mit *Hut am Lenkrad* sehen, sagen
manche Auto fahrenden Väter (wie man aus der bereits zitierten Kinder-
umfrage des VW-Konzerns weiß): »Der gehört doch von der Straße
hinuntergeschmissen.« Dieser Schluß ist unzulässig. Zulässig jedoch ist
der Schluß, daß Hutträger am Volant mitunter zu einer etwas protokol-
larischen Fahrweise neigen. Trachten-, Dienst- und Älplerhüte sind
ausgenommen.

Das sogenannte *Klingeln* im Motor (auch Klopfen genannt) ist das aku-
stische Signal einer nicht normal verlaufenden Verbrennung. Ein Motor
klopft oder klingelt, wenn die Klopffestigkeit des Kraftstoffs (Oktanzahl)
für ihn nicht ausreicht. Dabei schwanken die Ansprüche des Motors: bei
hochsommerlichen Temperaturen, schwer belastetem Wagen und Vollgas ist die Klopfgefahr besonders groß. Dann hilft nur eines: mit dem
Gasfuß zurückgehen und nicht mehr an der oberen Leistungsgrenze
fahren. Auch eine genauere Einstellung des Zündzeitpunktes kann die
Klingelneigung vermindern.

Kolonnen entstanden früher hauptsächlich deshalb, weil ein Schnellerer einen Langsameren nicht überholte, trotzdem aber so dicht an ihm kleben blieb, daß der nächste, der von hinten kam, beide erst recht nicht überholen konnte. Heute entstehen Kolonnen zwangsläufig durch allzu dichte Verkehrsbelastung – was zumindest den Vorteil hat, daß die Kolonnenspringer wesentlich seltener geworden sind. Sollte Sie dennoch einer ärgern, liegt es nicht zuletzt an Ihrer fehlenden Gelassenheit. Einscheren sollten Sie ihn trotzdem lassen.

Gegen Kolonnen hilft: ein beschwingter Sender im Autoradio. Oder Ausweichen auf weniger frequentierte Nebenstraßen. Oder Pausemachen im nächsten Restaurant. Oder auf einem Autobahnparkplatz turnen.

Wünscht die Kolonne länger zu halten, stellt man den Motor ab. Aus Umweltschutzgründen, Sparsamkeit und weil dauernde Leerlaufperioden dem Motor nicht zuträglich sind. Die Gemischbildung wird zu fett. Kriecht die Kolonne träge dahin, stellt man den Innenraumventilator ab und öffnet statt dessen die Fenster. Die Abgase des Vordermannes versteigen sich selten so hoch.

Wegen schlechtverstauter *Ladung* sind schon Ferntransporter umgekippt, Eisenbahnwaggons entgleist und Ozeanriesen untergegangen. Was man solchen Giganten jedoch beifällig nickend zugesteht (nämlich Rebellion gegen mißlichen Ballast), will man beim Auto nicht wahrhaben. Lenker vollbepackter Ferienkutschen nehmen vielmehr alles in Kauf: müdere Beschleunigung, längere Überhol- und Bremswege, ja sogar kriminell verändertes Fahrverhalten durch verschobene Achsdrücke, schwammig gewordene Lenkung und dachlastbedingte Kippgefahr.

Vermutlich würden sie es nicht tun, stünde in den Betriebsanleitungen deutlicher zu lesen, wieviel man ein- und aufladen darf. Da unterm Bilanzstrich jedenfalls immer dieselbe Summe herauskommen muß, pflegt sich fast jeder Wohlstandszigeuner mit Dachgepäckträger bereits der Überladung schuldig zu machen. Denn selbst große Limousinen akzeptieren als Gesamtzuladung selten mehr als 400 Kilogramm – rechnet man davon die vier- bis fünfköpfige Besatzung ab, so bleibt für das Gepäck nicht mehr allzuviel übrig, wobei noch gar nicht einkalkuliert ist, daß nachträglich eingebautes Zubehör diese Bilanz nicht selten zusätzlich verschlechtert.

Deshalb: nie bedenkenlos einladen, was Platz hat, sondern immer auch das Gewicht mit einkalkulieren. Wenn's unbedingt sein muß: lieber den zusätzlichen Ballast, und sei es auch mit Komforteinbußen für die Insassen, in die Fußräume der Wagenmitte schmuggeln. Wichtig ist schließlich bei schwerer Belastung auch noch der Reifendruck: selbst einiges zuviel schadet nicht, nur etwas zuwenig kann tödlich sein.

Für den Gebrauch der *Lichthupe* gibt es kaum einheitliche Regeln. Mitunter will das kurze Aufflammen der Scheinwerfer besagen: bitte sehr, ich lasse Ihnen den Vortritt! Häufig meint es auch das genaue Gegenteil. Am gescheitesten ist es daher, selbst auf sparsame Weise lichtzuhupen und sich umgekehrt möglichst wenig auf fremdes Lichtgehupe zu verlassen. Wer einen frech entgegenkommenden Überholer wütend mit dem Scheinwerfer anmorst, ist auf alle Fälle im Unrecht gegen sich selbst: er sollte lieber mit aller Konzentration dem Rowdy auszuweichen versuchen.

Wenn die *Motorhaube* plötzlich auffliegt und es Nacht wird vor der Windschutzscheibe: Stehenbleiben wird sich dann nicht vermeiden lassen. Aber der schockdiktierte Gewaltsprung auf die Bremse ist zumindest auf verkehrsreichen Straßen falsch. Lieber gelassen bremsen und durch den Sehspalt zu blinzeln versuchen, der mitunter zwischen aufgeflogener Motorhaube und oberem Armaturenbrett klafft. Andernfalls kann man sich auch, wenn das Fahrerfenster zufällig offen ist, ein Stück hinauslehnen und auf diese Weise die Lage peilen. Wenn der Tankwart das nächstemal nach Ihrem Motoröl schaut: prüfen Sie einmal, ob's nicht doch einen Spalt gibt.

Neue Reifen kranken mitunter an gewisser Anfangsglätte. Schuld daran ist ein silikonhaltiges Trennmittel aus der Fabrik, das dem Reifen dort aus der Preßform geholfen hat. Auf trockener Fahrbahn reichen schon wenige Kilometer, um diesen Film wegzuraspeln. Wer mit brandneuen Reifen auf regennasse oder schneeglatte Fahrbahn hinaus muß, raspelt selbst mit Hilfe von feinem Schmirgelpapier, und zwar auf der Auswuchtmaschine, noch ehe die neubereiften Felgen am Wagen montiert sind.

Pannen und andere peinliche Aufenthalte auf der Autobahn sollten als allererstes den Druck auf den Knopf der Warnblinkanlage auslösen. Wer den rechten Randstreifen nicht mehr durch Motorkraft erreicht, nimmt den Starter zu Hilfe. Man dreht ein paarmal am Zündschlüssel (natürlich bei eingelegtem Gang und nichtgetretener Kupplung), wodurch man den Wagen zum Davonhoppeln bringt. Sollte auch das nicht funktionieren: schieben – aber schnell. Sobald das Warndreieck aufgestellt ist (zumindest 100 Meter voraus), müssen alle Wageninsassen von der Fahrbahn weg und hinter die Leitplanken (so am Straßenrand vorhanden sind) – zu viele tödliche Unfälle sind schon passiert, weil gelangweilte Mitfahrer den havarierten Wagen nutzlos umlagert haben.

Der plötzliche *Plattfuß* (in südlicheren Breiten: Patschen) kommt zum Glück nur relativ selten vor, denn zumeist hauchen defekte Pneus ihren Atem nur zögernd aus. Sogar Reifenplatzer brauchen Autos nicht aus der Bahn zu werfen, und zwar auch dann nicht, wenn man im ersten Schock hilfesuchend auf die Bremse steigt – was immer wieder fälschlich als Katastrophe bezeichnet wird. Wenn bei Geradeausfahrt ein Vorderradreifen sich abmeldet, zerrt das Auto nach seiner Seite. Dann heißt es: unnachgiebig nach der anderen Seite lenken und den Wagen langsam ausrollen lassen. Selbst bremsen schadet dabei nicht – sofern man das Lenkrad konsequent genug eingeschlagen in der Hand behält. Bei Hinterradpannen wiederum scheint das Wagenheck hin und her zu schwänzeln, zum Glück ohne während des Ausrollens entscheidende Lenkprobleme aufzuwerfen. Bremsen allerdings ist in diesem Falle weniger empfehlenswert: die fehlende Haftwirkung des defekten Hinterrades kann dann nämlich zusammen mit der Überbremsung des heilgebliebenen Reifenpartners auf der anderen Seite zum Schleudern führen.

Von vornherein ungünstiger ist die Situation bei Reifenplatzern in Kurven, wobei die entscheidende Rolle immer den kurvenäußeren (also stärker belasteten) Rädern zukommt. Bremsen ist dabei nahezu gleichbedeutend mit Hinausfliegen – man sollte sich also lieber allein mit dem Lenkrad den nötigen Ausweg suchen. Im übrigen lehrt die Unfallstatistik, daß der anschließende Reifenwechsel oft gefährlicher ist als die eigentliche Panne – denn immer wieder bleiben plattfußverfolgte Autofahrer (sogar auf der Autobahn) im Verkehrsbereich stehen, um in schlichter Naivität sofort draufloszubasteln, anstatt auf drei Rädern zum nächsten sicheren Montageplatz zu humpeln.

Radarwarngeräte (sie stammen durchwegs aus den USA) haben bisher in Europa deshalb Schiffbruch erlitten, weil die amerikanische Polizei dem entgegenkommenden Verkehr aufzulauern pflegt, wohingegen die europäischen Tempowächter ihre Strahlen erst dem abfließenden Verkehr nachschicken. Die amerikanischen Empfänger waren daher allesamt zu brustschwach, um zufällig reflektierte – anstatt entgegenkommende – Wellen frühzeitig genug durch Piepston oder Lichtzeichen zu melden.

Seit kurzem allerdings bahnt sich eine Wende an: die amerikanische Polizei mißt jetzt ebenfalls den Temposündern auf europäische Art hinterdrein, und prompt sind stärkere Empfangsgeräte auf dem Markt erschienen, die auch schwächere Wellen zu erfassen vermögen. Natürlich sind diese Geräte nicht unwesentlich teurer. Billigere Abhilfen gegen Radarfallen: das vorgeschriebene Tempolimit einhalten, im Anblick der Strahlenkiste auch im letzten Moment noch bremsen, auf warnende Zeichen der Entgegenkommenden achten und – den sechsten Sinn aktivieren.

Rückspiegel sind leider immer noch unterbeschäftigte Requisiten am Auto – jeder von uns müßte sie weitaus häufiger benützen. Weiters: zwei Außenspiegel sind besser als einer – wer sich einmal daran gewöhnt hat, kommt sich mit einem einzigen Außenspiegel halbblind vor. Früher waren Außenspiegel auf den vorderen Kotflügeln empfehlenswerter als die am Seitenfenster (man brauchte den Blickwinkel weniger zu ändern), seit sich jedoch an der Fahrertür der von innen her verstellbare Außenspiegel durchzusetzen beginnt, überwiegen dessen Vorteile: man kann ihn jederzeit nachjustieren und überdies bei Nachtfahrten, wenn man von hinten angestrahlt wird, wie einen Abblendspiegel benützen.

Rundfunkempfang im Auto ist heute kein Anlaß mehr zur Diskussion – man braucht das Autoradio allein schon wegen der Verkehrsnachrichten. Früher freilich wurde mitunter eingewendet, Autoradios seien gefährlich, weil sie uns zwar anregten, zugleich aber unsere Konzentration beeinträchtigten. In der Praxis kommt es jedoch vor, daß Autofahrer, während sie ihren Wagen gewissermaßen automatisch lenken, in Extremfällen sogar Sprachkurskassetten abhören, nichtsdestoweniger aber ihre ganze Aufmerksamkeit sofort wiederum dem Verkehrsgeschehen zuwenden, wenn es die Situation verlangt. Natürlich sei dieses Beispiel nicht zur Nachahmung empfohlen; aber im Grunde genommen machen wir alle nichts anderes, wenn wir eine simple Autoradiosendung mitzuverfolgen glauben, hinterher aber doch feststellen müssen, daß uns einiges entgangen ist – denn in dieser Zeit haben wir uns eben völlig auf den Verkehr konzentriert.

Nicht nur für routinierte Fahrer, die sich auf diesen Umschaltvorgang im Gehirn blind verlassen können, sondern auch für Anfänger gilt, daß Musik im Auto »die Stimmungslage, den Seelenzustand und damit den Fahrstil beeinflußt« – wie es die schweizerische Forschungsstelle für Verkehrsmedizin ausdrückt.

Eine andere Frage ist, wie diese Musik beschaffen sein soll. Hier steht noch etliche Forschungsarbeit aus, zumal die Psychologen in dieser Hinsicht durchaus nicht einhelliger Meinung sind. Daß Marschmusik aggressiv macht, scheint erwiesen, ebenso auch, daß getragene, ruhige Klänge einschläfernd wirken. Nur: sie wirken auf Liebhaber klassischer Musik bestimmt nicht so einschläfernd wie etwa Pop-Klänge. Woraus der Schluß zu ziehen wäre, daß jeder am besten das hört, was ihm Spaß macht.

Straßenkavalier konnte man in den fünfziger Jahren schon werden, wenn man einem Fußgänger mit einladender Handbewegung den Vortritt ließ – auch dann, wenn diese edle Handlung nur der gesetzlichen Vorschrift entsprach, ja sogar in Fällen, wo sie zwar dem Gesetz nicht entsprach, dafür aber eine Kolonne von nachkommenden Autofahrern zu Notbremsungen zwang. Heute denkt man über solche Dinge nüchterner. Kavaliere der Straße allerdings sind trotzdem vonnöten, vor allem in Fällen, wo es nicht um überflüssige oder störende Gesten, sondern um wirklich nützliches, rücksichtsvolles oder geistesgegenwärtiges Verhalten im Verkehr geht. Die 62 Zeitungen, die sich in der Bundesrepublik zur »Arbeitsgemeinschaft Kavalier der Straße« zusammengeschlossen haben, sind nicht nur auf Leute aus, die Bewußtlose aus brennenden Autos zerren oder hinterm Lenkrad Eingeklemmte aus reißenden Flüssen ans Ufer ziehen – immerhin sind solche Aktionen vorgekommen und sie kommen auch weiterhin laufend vor. Die Berichterstattung über derlei bravouröses Eingreifen ist ein guter Ansporn zur Zivilcourage, die wir auch in harmloseren Fällen brauchen können. Niemand sollte zögern, sich so zu verhalten, daß ihn ein anderer zur Auszeichnung als »Kavalier der Straße« vorschlagen kann.

Streß beim Autofahren wird oftmals falsch gedeutet. Er hat mit körperlicher Anstrengung so gut wie überhaupt nichts zu tun, ja man könnte im Gegenteil fast sagen: je mehr einer mit Kuppeln, Schalten, Lenken und Bremsen beschäftigt ist, desto weniger läuft er Gefahr, daß Blutdruck und Pulsfrequenz außerplanmäßig emporschnellen – denn er hat dann zumeist weniger Anlaß, auf psychische Reize zu reagieren. Diese sind es aber allein, die ihn stressen: die Unlustgefühle in der Kolonne zum Beispiel oder die innerliche Anspannung vor einer erwarteten Geschwindigkeitsbegrenzung, ein Polizist, den man im Rückspiegel sein Notizbuch zücken sieht, ohne daß man eigentlich weiß warum – das alles bewirkt die Ausschüttung von Streßhormonen (und in weiterer Folge eventuelle Kreislauf- und Gefäßschäden). Natürlich zählt zu diesen Streßerregern auch der nackte Anblick der Gefahr (zum Beispiel, wenn das Auto ins Schleudern gerät) – aber Geschwindigkeit allein, also hohes Tempo auf der Autobahn etwa, löst keineswegs Streß aus, da muß schon ein gehöriges schlechtes Gewissen dazukommen. Streßanfälligkeit kann man übrigens teilweise wegtrainieren. Der Freiburger Universitätsprofessor und Streß-Experte Dr. Josef Keul ist der Meinung, daß gute körperliche Kondition die Pulsfrequenz nicht nur im allgemeinen, sondern sogar unter Schockbelastung niedrig hält. Im übrigen gibt es gegen Streß auch Medikamente: sogenannte Beta-Blocker bewirken – grob gesprochen – Kaltblütigkeit auch in heiklen Situationen, ohne deshalb Leistungsvermögen und Reaktionsfähigkeit herabzusetzen.

Tempolimits sollte man erstens einhalten, zweitens aber schon gar nicht mit der Begründung mißachten, daß der Tacho ohnedies mehr anzeigt, als man tatsächlich fährt. Denn auch die anderen nehmen nicht aus Dummheit, sondern aus Humanität die falschen Tachostriche für bare Münze – weil zivilisiertes Zusammenleben ohne Respekt vor gewissen (mag sein unperfekten) Normen nun einmal nicht möglich ist. Das will besagen: wer schneller fährt, als die anderen seiner Meinung nach klug sind, sollte sich dessen bewußt sein, daß er nur die Korrektheit seiner Mitmenschen ausnützt. Umgekehrt würde es mir zum Beispiel niemals einfallen, einem anderen auch nur eine Sekunde lang den Weg zu versperren, weil er schneller unterwegs ist, als es das Gesetz erlaubt. Aushilfs-Sheriffs sind nur an zwei Orten am Platz: in Westernfilmen und dort, wo Gefahr droht.

Ist ein *Unfall* passiert, wird leider zumeist vergeblich nach einem Formular des sogenannten Europäischen Unfallberichts gekramt. Dieser Vordruck ist nämlich nicht bloß imstande, die Wogen der Erregung in erstaunlichem Maße zu glätten (weil er jedem Beteiligten die Chance gibt, den Hergang des Unfalls aus seiner Sicht zu schildern), er hält auch, sorgfältig ausgefüllt, alle für die weitere Regulierung des Schadens wichtigen Angaben in knapper Form fest. Unbedingt also einige Formulare dieser Art ins Handschuhfach!

Als erstes gilt es aber, die Unfallstelle abzusichern und allenfalls die Verletzten zu versorgen. Erst dann kann an die Aufnahme des Unfallhergangs geschritten werden. Handelt es sich lediglich um Blechschaden, kann man auf die Polizei verzichten; sind hingegen schwere Verletzungen oder gar Tote zu beklagen, empfiehlt es sich, über die Polizei hinaus unbedingt einen Rechtsanwalt einzuschalten. Ein erfahrener Jurist bietet am ehesten die Gewähr dafür, daß alle Ansprüche sachverständig und lückenlos geltend gemacht werden. Ist man selbst verletzt, und sei es auch nur leicht, sollte man trotzdem noch am selben Tag zum Arzt. Häufig stellt sich nämlich dort heraus, daß sogar schlimme Folgen (an inneren Organen etwa) fürs erste nicht wahrgenommen wurden.

Apropos: kennen Sie eigentlich Ihre Blutgruppe? Ist sie auch in Ihren Dokumenten vermerkt? Fahren Sie unvernünftigerweise mit verriegelten Türen, damit im Ernstfall niemand an Sie herankann? Haben Sie schon jemals Ihre Autoapotheke geöffnet und sich Gedanken darüber gemacht, was man mit deren Inhalt anfangen kann? Wissen Sie ein wenig über Erste Hilfe Bescheid? Ein verregneter Sonntagnachmittag, ein bißchen (hoffentlich überflüssiger) Wissensdurst – und Sie sind im Ernstfall gerüstet.

Vorrang (oder Vorfahrt) ist niemals allein eine Sache des Gesetzes – oder zumindest erst dann, wenn es bereits gekracht hat. In der Praxis jedoch wird Vorfahrt viel eher erzwungen, preisgegeben, nicht wahrgenommen, vergessen, übersehen, falsch beurteilt, erkämpft, erschlichen. Das Schlimme daran ist: es gilt schließlich praxisgerecht zu fahren und nicht Modellbeispiele vom grünen Fahrschultisch nachzuvollziehen. Die Lösung heißt für viele: extrem defensiv fahren. Würden aber alle so zaghaft unterwegs sein, als ob es der andere mordlustig auf sie abgesehen hätte, käme der Verkehr überhaupt zum Erliegen. Die Lösung müßte daher lauten: den Ausgleich suchen. Defensive ist gut, solange sie nicht prinzipiell und in jedem Fall zum Rückzug wird. Wer über diese Frage zu entscheiden hat? Erraten: der sechste Sinn.

Ins *Wasser* fallen Autos zum Glück nur selten. Was aber in diesem Fall, so man drinsitzt, zu geschehen hat, darüber herrschen verschiedene Auffassungen. Oder genauer: es spukt noch immer die Legende von der Luftblase herum, die auch dann noch, wenn das Auto bereits komplett vollgelaufen ist, die Möglichkeit bietet, tief durchzuatmen, anschließend die nicht mehr unter Druck stehende Tür zu öffnen – und nach oben zu schwimmen. Der ADAC hat schon einmal ein altes Straßenwacht-Auto dafür geopfert, und auch der TCS, der Touringclub der Schweiz, hat es bewiesen: besagte Luftblase hängt oft irgendwo in unerreichbarer Ferne unter dem Heckfenster, oder sie verflüchtigt sich, wenn das Auto sich überschlagen hat, unter die Sitze oder in den Kofferraum. Unter diesen Umständen auf den Druckausgleich zu warten, wäre Selbstmord.

Um zu überleben, muß man es anders machen. Man muß zunächst den Umstand auszunützen versuchen, daß Autos beim Sturz ins Wasser zwar hart und tief eintauchen, dann aber in der Regel noch minutenlang oben schwimmen. Währenddessen haben die Insassen genügend Zeit, sich durch Fenster, Schiebedach oder Tür zu retten. Denn auch gegen einen gewissen Gegendruck des Wassers lassen sich Türen immer noch öffnen. Sinkt der Wagen rasch, kann man zumindest noch die Fenster hinunterkurbeln und sich – nach kurzem Wassereinbruch – irgendwie ins Freie zwängen. Das Warten auf den Druckausgleich jedenfalls ist gefährlicher. Die richtige Devise heißt: nichts wie raus!

Wind kann für den ungeübten Autofahrer unter Umständen gefährlicher sein als die Zentrifugalkraft in Kurven. Denn Kurven sieht man, Windböen hingegen nicht. Erste Überraschung: je strömungsgünstiger ein Auto gebaut ist, desto weiter vorne packt der Seitenwind an. Zweite Überraschung: je höher und klobiger das Heck, desto weniger Chancen haben seitliche Böen, das Auto aus der Bahn zu werfen. Das Ganze läßt sich leichter begreifen, wenn man sich vor Augen hält, daß jeder Wagen einen Schwerpunkt hat, der irgendwo in der Mitte des Fahrzeugs liegt. Greift der Seitenwind wesentlich weiter vorne an, steht ihm gewissermaßen ein überlanger Hebelarm zur Verfügung, um das Wagenvorderteil aus der Fahrtrichtung zu drücken. Je näher der Wind nach hinten an den Schwerpunkt herangezwungen wird (wie etwa bei Kombis, die hinten große Windangriffsflächen bieten), um so kürzer ist der Hebelarm und um so weniger windempfindlich auch das Auto. Völlig falsch wäre es, zu glauben, daß mehr Gewicht dem Wind auch mehr Widerstand bietet. Es kann genau umgekehrt sein: schwerbeladene Autos sind lenkfaul und hindern den Fahrer daran, den seitlichen Winddruck rasch genug auszukorrigieren. Denn darauf kommt es letzten Endes an: daß man der zupackenden Bö ohne Zögern entgegenlenkt. In der Praxis ergeben sich vor allem beim Überholen von Lastern heikle Situationen: sobald man aus ihrem Windschatten heraus ist, bläst es einem überfallartig in die Flanke. Auch Brückendurchfahrten und Waldschneisen erfordern erhöhte Aufmerksamkeit. Wer das Auftreten des Windes vorausberechnet, kann besser reagieren.

Zweiräder sind Verkehrspartner, die den Autofahrer oft in heikle Situationen bringen. Die einen, weil sie zu langsam dahinschwanken (wie etwa überlastete Motorroller), die anderen, weil sie raketenartig schnell sind (wie etwa schwere Solo-Motorräder). Es hat schon viele tragische

Unfälle gegeben, weil Automobilisten die schmale Silhouette eines Motorradfahrers entweder überhaupt übersehen oder zumindest nicht damit gerechnet haben, daß schwere Motorräder in weniger als vier Sekunden vom Stillstand auf Tempo 100 beschleunigen. Zweiradreiter leben daher überaus gefährlich. Ihre einzige Selbstverteidigung sind poppige Sturzhelme, grelle Overalls und auch bei Tag eingeschaltetes Abblendlicht. Man sollte sie nicht verfluchen, sondern als seltene Vögel respektieren. Auch wir waren schließlich einmal jung. Wer einen Motorradfahrer in die Klemme bringt, hat entweder kein Herz oder keinen Fahrverstand. Und ganz bestimmt keinen sechsten Sinn.

Auf der Suche nach der Ideallinie,

die jedermann in sich selbst finden muß

Im Spätherbst 1977 stand ich mit meinem Leihwagen irgendwo in der mittelenglischen Grafschaft Leicestershire stirnrunzelnd vor geschlossenen Bahnschranken. Rechts und links der Straße weideten Schafe, über mir blaute ein völlig unbritischer Oktoberhimmel, und vor mir, jenseits der Bahngleise, schlief ein Dörflein friedlich in der Mittagssonne.
Es war trotzdem so weit alles in Ordnung – nur die Bahnschranke ging nicht hoch. Gute zwanzig Minuten lang nicht.
Woraufhin ich ausstieg, die Schrankenanlage in Augenschein nahm und plötzlich ein winziges Schildchen entdeckte.
»Wenn Sie diesen Bahnübergang überqueren wollen«, stand dort zu lesen, »drücken Sie bitte den roten Knopf und warten Sie fünf Minuten. Haben sich die Schranken dann immer noch nicht geöffnet, geben Sie bitte Hupzeichen. Sollten auch diese erfolglos bleiben, suchen Sie freundlicherweise den Bahnwärter am Ortseingang auf. Mit ergebenem Dank – die Bahnverwaltung.«
Ich war beeindruckt. Der rote Knopf offensichtlich auch, denn schon eine halbe Minute, nachdem ich ihn gedrückt hatte, gaben mir die Schranken anstandslos den Weg frei. Und beim Weiterfahren war mir klar, daß ich soeben einen Bahnübergang erlebt hatte, auf dem niemals ein Unfall passieren würde.
Merry old England – man begegnet ihm auch bei den Bushaltestellen in London, wo sich die Leute nach wie vor (wenngleich schon weniger diszipliniert als noch vor zehn Jahren) der Reihe nach anstellen, um dann in gelassener Fairneß einer hinter dem andern den nächsten, übernächsten oder sogar überüberübernächsten Doppeldecker zu erklimmen.
Nur: die Grenzen dieses Systems zeichnen sich leider schon ab. Eine Warteschlange aus hundert Menschen – ich habe es erlebt – bricht auch in London chaotisch auseinander. Weil jedermann nur so lange fair ist, wie ihm das ganze System noch sinnvoll erscheint.
Was ich damit sagen will: Gelassenheit, Fairneß und menschliches Entgegenkommen sind Errungenschaften, die funktionierende Verkehrs-

systeme humaner und sicherer machen und schlechtfunktionierende immerhin vor dem Absturz ins Chaos bewahren. Sie reichen jedoch allein nicht aus, um heikle oder verfahrene Situationen ins Gegenteil zu verkehren – dazu ist neben Herz und Charakter auch noch Können vonnöten.

Deshalb bin ich immer so mißtrauisch, wenn dem sogenannten defensiven Fahren das Lob gesungen wird. Natürlich muß man heutzutage immer und überall insofern defensiv unterwegs sein, als man niemals und nirgendwo in aggressiver Weise auf gesetzlich verbriefte Rechte pochen sollte – denn was nützt mir die Vorfahrt, wenn mir der andere in die Flanke knallt? Es mag auch defensiven Charakter haben, wenn man alle erdenklichen Gefahrenmomente einkalkuliert: den Träumer am anderen Lenkrad, den Radfahrer, der ohne Handzeichen abbiegt, den Ball, der aus der Parkanlage auf die Straße springt, den Entgegenkommenden, der vor der Kuppe überholt – und vieles andere mehr. Ich bin daher immer in äußerster Bremsbereitschaft (sogar dann, wenn ich Vollgas gebe), blicke mit Eifer in den Rückspiegel (sogar dann, wenn ich schwören könnte, daß niemand hinter mir ist), habe grundsätzlich beide Hände am Lenkrad (sogar dann, wenn die Rechte lieber auf dem Schalthebel liegenbleiben möchte) und gebe in unklaren Situationen bereitwillig nach (auch dann, wenn ich im Recht zu sein glaube).

Ich würde das aber nur ungern als defensives Fahren bezeichnen. Es ist einfach verkehrsgerechtes Fahren und somit bare Selbstverständlichkeit.

Wäre dem nicht so, müßte es auf jeder ungeregelten Kreuzung ununterbrochen zerbeultes Blech geben. Daß es dies nur in Ausnahmefällen
gibt, beweist mir, daß sich der Normalautofahrer weniger vom Paragra-
phenwortlaut als vom gesunden Mißtrauen leiten läßt. Von mir aus darf
der Fachausdruck dann auch heißen: defensives Mißtrauen.

Die Defensive kann aber zum Fehlverhalten werden, wenn sie Unvermögen am Volant kaschiert. Zum Beispiel, wenn Autofahrer die
Beschleunigungsspur einer Autobahnauffahrt nicht zum Beschleunigen,
sondern zum Stehenbleiben verwenden – und wenn sie dann, durch
ungeduldige Nachkommende genötigt, vom Stand weg in den Hochge-
schwindigkeitsverkehr eintauchen müssen.

Manche Leute kommen aus Mangel an Fahrgelegenheit nie aus diesem
Stadium heraus. Wären sie Flugscheinbesitzer, blieben sie es nicht
lange; den Führerschein jedoch macht ihnen niemand streitig, obwohl
der Verband der deutschen Versicherungsanstalten (HUK-Verband)
schon vor Jahren im Zuge einer großen Unfallursachen-Untersuchung
festgestellt hat, daß langjährige Schadensfreiheit kein Zufall ist, sondern
»die Folge bewußter Vorsicht und fahrerischen Könnens«.

Somit sind wir bei jenen Forderungen, die schon im Anfangskapitel
angeklungen sind: es müssen sich Gelassenheit und Disziplin mit hand-
werklichem Können verbinden, um den guten Autofahrer zu ergeben.

Freude an der Sache, wie sie eingangs (im Hinblick auf die alten Herrenfahrer) empfohlen wurde, kann zwar dem Autofahren nur förderlich
sein, ist jedoch nicht in jedem Falle notwendig. Schon gar nicht bedarf es
eines überdurchschnittlichen Talents. Routine ist wichtiger beim Auf-
spüren der autofahrerischen Ideallinie – sowohl jene, die auf der Straße
zu finden ist, als auch jene andere, die im Innern des Fahrers verborgen
liegt.

Diese Erkenntnis mag für so manchen Lernbegierigen enttäuschend, für
manchen anderen hingegen tröstlich sein – erhärtet wird sie jedenfalls
durch die Langzeitbeobachtungen des Münchener Verkehrspsychologen
Dr. Gerhard Munsch, der als Leiter des TÜV Bayern den ursächlichen
Zusammenhängen im Verkehrsgeschehen seit vielen Jahren nach-
spürt.

Drei Phasen auf dem Weg zum tüchtigen Fahrer hat er festgestellt: die
des tastenden Lernens, die daran anschließende Sturm-und-Drang-
Periode, die voller Selbstüberschätzung ist, und schließlich, nach dem
siebenten Jahr erst, die Zeit der autofahrerischen Reife.

Das zunächst Überraschende: nicht der Neuling am Steuer ist besonders unfallgefährdet, sondern der vermeintlich schon Routinierte zwischen dem dritten und fünften Praxisjahr (wobei durchschnittlich 15000 Fahrkilometer pro Jahr angenommen wurden). Daß die Kurve der Unfalldisposition in den ersten beiden Praxisjahren absinkt, läßt sich insofern erklären, als der frischgebackene Führerscheinbesitzer derart zaghaft und vorsichtig unterwegs ist, daß er gewissermaßen noch gar nicht richtig am Verkehrsgeschehen teilnimmt. Das ändert sich nach der immerhin respektablen Fahrleistung von 30000 Kilometern leider grundlegend – jetzt nämlich gewinnt der Lenkraddreher von sich selbst den Eindruck, er sei bereits ein Routinier und somit allen Fährnissen des Verkehrsalltags durchaus gewachsen. In Wirklichkeit beginnt gerade jetzt die kritische Zeit – das vierte Jahr auf der Straße ist laut Statistik jenes mit den meisten Tücken. Oft rückt dann erst ein Unfall das Selbstgefühl des Fahrers wieder zurecht – worauf mit dem Beginn des fünften Praxisjahres die Kurve der Unfallanfälligkeit endlich zu sinken beginnt. Im siebenten Fahrjahr schließlich, nach annähernd 100000 Fahrkilometern, pendelt sie sich auf die normale Häufigkeit menschlichen Versagens ein.

Sieben Jahre also braucht der Mensch – zwar nicht, um richtig Auto fahren zu lernen, aber immerhin, um statistisch gesehen kein überdurchschnittlicher Versager mehr zu sein. Oder mit anderen Worten, um jenen sechsten Sinn (den wir im vorangegangenen Kapitel geschildert haben) zu entwickeln, der bei Munsch »Verkehrsfühligkeit« heißt. Sieben Jahre: ein endlos langer Zeitraum, wenn man bedenkt, was sich im Straßenverkehr oft binnen einer flüchtigen Sekunde an schicksalhaften Ereignissen abspielen kann, und doch zugleich nur eine winzige Zeitspanne, wenn man auf die Verhaltensforscher hört, für die eine biologisch faßbare Änderung menschlicher Verhaltensweise frühestens nach vierzig aufeinanderfolgenden Generationen (also etwa nach 1200 Jahren) eintreten kann.

Würden wir uns daran halten, könnten wir richtig Autofahren erst dann, wenn es längst keine Autos mehr gibt. Aber auch das verflixte siebente Jahr, das die Verkehrspsychologen als unverrückbare Grenze feststellten, sollte uns, so wir uns noch diesseits befinden, keineswegs verzagen lassen, sondern im Gegenteil dazu anspornen, die Statistik zu unterlaufen – also besser zu sein als der wissenschaftlich errechnete Durchschnitt.

Zum Glück ist Autofahren, richtig verstanden, weitgehend eine intellektuelle (und damit in überschaubaren Zeiträumen erlernbare) Tätigkeit. Ich weiß das spätestens seit der Lektüre eines Autofahrerbuches, das der österreichische Schriftsteller Herbert Eisenreich geschrieben hat, und zwar unerhörterweise schon nach vier Jahren Fahrpraxis und, wie er selbst sagt, lächerlichen 50 000 gefahrenen Kilometern. Ich ziehe trotzdem oder gerade deshalb meinen Hut vor ihm.

Zwar kann man bei ihm nicht lernen, wie man richtig hinunterschaltet oder wie die Ideallinie durch die nächste Kurve verläuft; aber wie sie im Auto fahrenden Menschen verlaufen müßte, hat er treffend beschrieben – und zugleich festgehalten, daß diese Ideallinie die letztlich entscheidende ist: weil sie nämlich (im Auto viel direkter als anderswo) die Möglichkeit bietet, durch Ehrlichkeit vor sich selbst zu einer reiferen Lebenseinstellung zu finden. Das Auto gewissermaßen als Mittel, im Menschen das Maß aller Dinge zu erkennen.

Nichts anderes war gemeint, als im ersten Kapitel dieses Büchleins davon die Rede war, als Wertmaßstab für die Fortbewegung im Automobil statt des äußeren Erfolgs probeweise einmal den inneren Erfolg der Selbstüberwindung zu nehmen – also sich zumindest nicht mehr selbst zu belügen.

Man kann das auch einfacher ausdrücken und unfreundlicher: indem man jene häufig zitierte Primitivformel verwendet, die besagt, daß es niemals auf den Kubikinhalt des Motors, sondern immer nur auf den Gehirninhalt des Fahrers ankommt.

Man kann es aber auch liebenswürdiger sagen und dabei nüchtern und verständlich bleiben wie jener bereits mehrmals zitierte Ernst Vogel, der den technischen Begriff der Ideallinie erstmals in den menschlichen Bereich umgesetzt hat. Er meinte: unter menschlicher Ideallinie ist alles zu verstehen, was unseren Straßenverkehr sicherer, flüssiger und freundlicher macht.

Dem wäre nichts hinzuzufügen. Höchstens der Appell, besagte Ideallinie zwar nicht gerade als Evangelium aufzufassen, dennoch aber als verbindlich weiterzuempfehlen. Dann könnten wir eines Tages vielleicht wirklich tun, was schon in früher Form bei Lukas 16,19 geschrieben steht: herrlich und in Freuden lenken.

Register